U0006048

所有曾
撼動我們的一切

一名小兒神經外科醫師、
他的小小病患們，
與其充滿恩典及韌性的生命故事

All That Moves Us

A Pediatric Neurosurgeon,
His Young Patients, and Their Stories
of Grace and Resilience

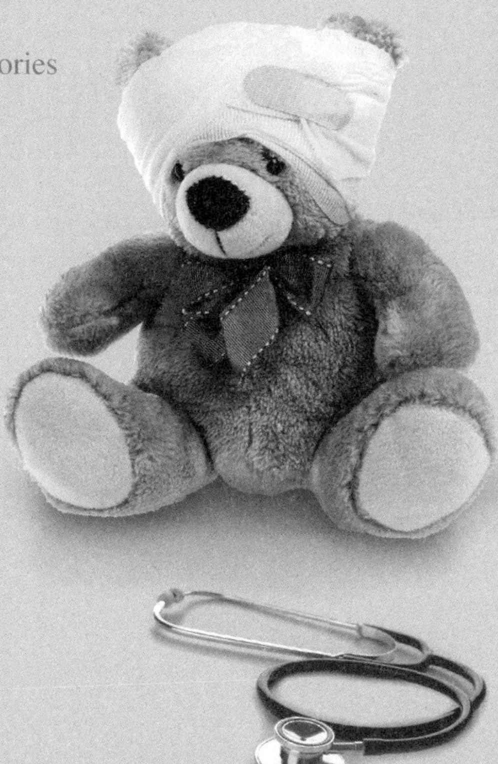

傑・威倫斯（Jay Wellons）——著
范瑋倫——譯

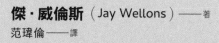

目錄

他的靈魂緩緩地沉醉其中，當他聽到雪落在宇宙之中，如同他們最後的終結般，輕巧地落在所有生者與死者之上。

——詹姆斯．喬伊斯（James Joyce），《都柏林人》（*Dubliners*）之〈死者〉（*The Dead*）

審定序

醫學院學子、醫療人員與病患家屬都能受到震撼的感動之書。

——張雅婷，臺安醫院小兒過敏免疫科主治醫師

「You can't connect the dots looking forward; you can only connect them looking backwards.」

—— Steve Jobs.

作者威倫斯醫師是國際小兒神經外科權威，尤其是「子宮內胎兒脊柱裂修復手術」的先驅。當他努力在醫療的道路上披荊斬棘的時候，二〇一七年被診斷出在骨盆和大腿間有惡性肌肉腫瘤，被迫為自己停下腳步。這段時間，讓他有機會回顧過去將近三十年的醫學養成過程中，各種深深刻印在心中的各種緣分：家族的期望與支持、所有恩師們的教導、各地的醫療團隊支援、肩

負著小兒神經外科技術的創新改革……當然，一路曾並肩走來的所有小病人的生命力，是支持他面對自己、重新回到職場上的動力。

我推薦這本書給想要往醫學發展，又不知道自己適不適合的年輕學生：威倫斯醫師不是風輕雲淡地以學霸之姿，輕輕帶過醫學院和住院醫師過程；雖然難免對訓練過程中以醫院為家、獨立執刀後還是無法完整參加家庭聚會、甚至父親離世的那天都無法陪伴身邊，有深刻的心情抒發，但每成功挽回一個小生命的悸動，實實在在鼓勵他無怨無悔地往前行。當然，也有面對一個生命的離去、失敗時的衝擊，要怎麼能夠再勇敢站起來，接受下一次挑戰？

書中不但生動地描述了開刀中的場景，神經外科工具袋的四大武器：雙極電刀、顯微剪刀、金屬吸引器、各種不同功能的解剖器械的使用方法；還把大腦到脊髓的層層生理解剖構造，一一詳述，果然是教授級的主治醫師！如果看完這本書，更加堅定您習醫之路，歡迎一起加入！

這本書也推薦給曾經在醫院陪著親人，度過輾轉難眠的時光，心中還有遺憾不捨的讀者。威倫斯醫師的個案，並不是都有完美結局，他也有過遲疑和懊悔。有一章節描述他因為疏忽，把橡皮筋留在病人腦中，內心的掙扎和後來的誠實面對，以及因此改善手術房作業流程；也有一章敘述他為了病人挺身作證，指證同業醫療疏失的心情轉折。每一次的檢討，都能做為改善下一次的努力。

每個個案，就像他書中說的，「動作一做下去，就沒有回頭路」，醫師在分秒必爭的當下，不能優柔寡斷，是和病人、家屬站在同一陣線上，所有的喜怒哀樂，醫師也都是感同身受的。即使在病房裡鎮定地解釋病情，轉過身去，沉痛悲傷的情緒，還是需要一塊原野，好好收藏、掩埋、釋放。

但這本書最特別的，是他與父親密不可分的情感：從出生開始，就背負著父親要他成為醫師的期望。高中畢業後，雖然有試著走向文學創作，最後還是選修醫學先修課程，圓了父親的夢想。但父親在他醫學院畢業前夕，被診斷出罹患肌萎縮性側索硬化症（一種漸進性神經退化性疾病），而且在住院醫師訓練過程中去世。他以家屬的視角，面對這個即使自己再努力，甚至陪父親搭機遠赴其他醫院進行人體試驗，都無法挽留住父親的傷痛，讓他想要寫出這本書，紀念對父親的懷念。

當然，這本書非常非常適合現在還在健保血汗制度下，堅守崗位的醫護人員閱讀，知道我們並不孤單！

威倫斯醫師在知名的杜克大學接受住院醫師訓練，後來還擔任美國國家衛生研究院「前瞻性脊柱裂隨機臨床試驗」研究計畫裡，重要的一員。即使在醫療設備最先進的美國，他也跟我們一樣，身處看似完美的標準化作業程序，但也遭遇僵化、沒有彈性的衝突。

他回顧住院醫師過程最令他無法釋懷的心結，是因為「堅持呼吸治療師沒到場，不能送去緊急開刀」，屬於「違反標準作業流程」而喪命的腦疝病人（雖然開刀不見得能挽回悲劇），讓他從此遇到系統運作不夠快時，曾經扯掉生理監視器，跳過種種繁文縟節，把孩子從急診室直衝手術室。也曾經為了需要車程九十分鐘才能到達的孩子，拜託軍方黑鷹直升機隊飛越暴風雨，在三十分鐘內進到手術室裡搶救。

即使身為醫界權威，在決定病人最適合的診療計畫時，他還是要顧忌醫院內部評鑑指標：「重複開刀率」、「平均住院天數」。效率掛帥、醫療商業化…，我們真是「世界大同」呀！

我是小兒科醫師，不論外在環境、制度再怎麼不友善，每次看著孩子們純淨的眼神和笑容，就有力量讓我平靜、放鬆。「生命總會找到出路」，孩子們有滿滿的潛力、充盈的韌性，即使面對生命的挑戰，也是努力不放棄，讓未來充滿著無限可能。這應該也是小兒神經外科威倫斯醫師，被孩子們用生命撼動後的讚嘆和感謝吧！

前言

書中所有情節皆為真實故事。裡頭提及的小孩、他們的父母，以及我的同事皆為真實人物。我一一與幾乎所有家長（以及患者）說明，確定他們讓我分享其各自經歷的細節。我也將最新修訂的版本寄給書中提到的人或是他們的小孩。我也與每個人協調，請他們允許我使用其小孩（或是他們自己）的名字與身份等資訊。某些時候，我有幸能將其故事在他們面前讀給他們聽，讓他們放心。

有些例子，我無法找到其家長，也找不到患者，這些案例我會調換其身分特徵，以保護其隱私。有些過去同僚的姓名，也經過調整。這些更動都不會影響到書中案例的真實性。

序言：最嬌小的病人

我是小兒神經外科醫師，我為各年齡層有大腦和脊髓神經問題的兒童手術。這些問題若要說得明確點，是指腫瘤、血管畸型、需要手術的顱顏病變、腦積水、脊柱裂，以及相關損傷等等，各種問題族繁不及備載；我也用像頭髮一樣的細線，修補新生兒的神經。我們手術的對象範圍，從上至差不多快成年的人、下至出生不滿一週的嬰兒，甚至還包括一些體重不到一公斤的早產兒。我本來以為那已經是我最年輕的病人了，直到幾年前我開始做子宮內胎兒脊髓手術。

說實話，我不太會主動跟人提起自己的工作，當大家問起我做什麼時，我都說我在醫療保健部門做事。要是他們再繼續追問下去，大概也是撐不過五個問題，小兒神經外科醫師這個詞最後還是會出現，然後就不免順著聊汽車座椅和安全帽的重要性。我太太說那絕對是冷場話題，尤其還是拿我工作上遇到的故事說起。

我父親曾經想要當醫生，在我開始講故事之前不得不提到這點。早在我出生之前，他就曾考慮過放棄他已經有成的事業，去唸醫學院。這麼做對於當時的他來說蠻冒險的，但身為韓戰時期的國民警衛隊飛行員，他已經習慣冒險。早年在他空軍飛行學校畢業後，到開始的第一份工作之前，他曾經幫一位家庭醫師做事，這份經驗伴隨他一生未曾遠去。這位和藹年長的醫師與父親共事一陣子之後，就把自己的聽診器送給了父親，鼓勵他說，有一天他會成為一名出色的醫生。現在那個聽診器傳到了我手上，上面刻著父親的名字，還加上了醫師二字，彷彿是那段回憶留下的遺跡。我父親曾停下工作努力修習課業，短短一年的時間，他就完成了研究所課程並通過入學考試，好不容易終於進入醫學院，但那時他有妻子和兩個年幼的孩子要扶養，而且沒有其他的經濟來源。他真的努力過了，我看過他為了籌措財源負擔學費寫的那些信，可惜最終還是沒有成功。慢慢的，他放棄了這個夢想。隔了幾年我出生了，家中的第三個孩子算是意外之喜，但幾乎從我出生那一刻起，他就盼望著我能成為醫生。

我也把這個夢想當做自己的目標，至少一開始是。小時候我也曾對其他職業感興趣，我曾經對飛行很著迷，戴著我父親的飛行員頭盔在家裡四處玩，結果大人告訴我，選那條路以後會沒什麼時間陪家人，**現在看這句話還真是諷刺**。把目標放在站在地面上可以做的事情後我才明白，當我小學作文寫長大想當醫生那時，我父母是真的非常開心。

慢慢的，就像大多數的青少年一樣，我決定走一條不同的路……**走自己的路**。我主修英語，也開始專心學寫作，但**不知為何**，我還是選修了醫學先修課程，還在美國醫學院入學考試

（MCAT）拿到了能進入醫學院的好成績。我那時的大學教授們，是都柏林三一學院和牛津大學訓練出來的，我跟著他們學習喬伊斯、葉慈和莎士比亞，還曾前後跟著貝瑞・漢娜（Barry Hannah）和艾倫・道格拉斯（Ellen Douglas）各學了一學期創意寫作。不過前面那位，在那個只有少數獲選學生能修的小小課堂裡，不停的吸煙、熄煙蒂，還給我的寫作成績打了個B^-；後面那位則親自教導我、送了一本她的作品《黑雲、白雲》（*Black Cloud, White Cloud*）給我，書上寫著：「致傑，那位作品令人愛不釋手的學生。」（直到現在都沒人知道我繳了同樣的作業給他們兩位）。即使回首高中到大學畢業這段路，最後我還是懷揣著父親的夢想進了醫學院，這樣也好。我想那時候唸的那些書，也許是為了體會人生的意義，那時的我，真的不知道接下來二十五年會發生什麼事。

勸我別當神經外科醫生的人多不勝數。他們說，你一點也不像神經外科醫師，神經外科醫師不但一臉疲累、脾氣暴躁，還很自負。他們工作太忙了，病人狀況都很可怕、每個都會死。剛開始在醫院見習的時候，我真的很喜歡心臟內科。用來判斷後續醫療處置的關鍵是聽心音和身體檢查，精心編排解說和深思熟慮的計畫。你知道主動脈瓣閉鎖不全可以透過懸雍垂擺動異常來診斷嗎？現在有人知道嗎？但我們當時就是這樣診斷的。男的打著領帶、女的別起領巾，掛起聽診器。雜音、摩擦音、喘鳴聲、哮吼聲和鼾聲，我們就像是這些聲音、乃至於整個醫院的主宰。我一年級在大體實驗室工作時，約翰・史東（John Stone），一位來自埃默里大學的心臟內科醫師作家，幫我在他出版的論文集上簽名，他邊簽邊說我身上有甲醛味：「致傑，一開始……」

三個月後，我開始覺得一般兒科超棒的。某天一大早總醫師發現我去幫嬰兒餵奶，他看了就說，你會來幫嬰兒餵奶就表示你會走兒科。但其實我並不是餵所有的嬰兒，而是某個特別的嬰兒。他一個人躺在嬰兒床裡，從來沒人來看他，而且我想他一出生就有古柯鹼毒癮。他已經撐過了最糟糕的時期，但還是孤孤單單的。其他嬰兒每天都有家人來探望，抱著一起坐搖椅，但他沒有。到現在我都還記得，我一早趁還沒人的時候過去，把他抱在我的腿上，低頭看著他的小腦袋，看著背部皮膚下小小的脊椎延伸著。我想早點來餵他，試著讓他也能得到一些安全感。我知道自己的生命裡得到太多的愛和支持讓我能盡情揮灑，甚至到有點氾濫的程度，而我只是希望他至少能感受到一點點。但他幾周後就出院了，到底去哪、誰幫他辦的出院，也沒人告訴我。然後我又繼續下一個見習，這次是外科。

我知道在外科就真的得捲起袖子了，我會一次次的選擇留在外科，也是為了能做手術。我記得在讀醫學院三年級時，有位在榮民醫院看診的主治醫師雷吉（Dr. Reggie），他讓我跟著他一起學動手術。他會對著住院醫師們說：「讓我們看看傑有沒有專心，讓他試試做腸縫合（bowel stitches）。」我當然有好好學習，也順利縫合完成了。某天深夜我們為了救一位腎功能衰竭的獸醫，得為他截肢，他另一顆好的腎正在衰竭，生命危急。麻煩的是，他的大腿骨曾因骨折打過骨釘，在深夜兩點的手術室裡，根本沒有工具可以把它鋸開。鋸腿的震動幾乎要把人震得四分五裂，雷吉醫師只好叫來樓下的維修人員幫忙。雷吉醫師平時對他們很尊重，他們也挺喜歡雷吉，他在大半夜把維修人員叫到手術室，請他們幫忙找最大的鋸子來，利用空檔先磨利並消毒。不一會，那種你會在雙人伐木比賽中看到的大工具出現了！雷吉和我鋸個不停，來來回回的鋸，我還記得連火花都冒出來了。病人當時是清醒的，他的身體況狀太差無法全身麻醉，麻醉師擔心他的血壓太低心臟會受不了，所以只做了半身脊髓麻醉。我記得當我在鋸腿的時候，他從手術布簾另一頭看向我，嘴裡喃喃的唸著：「萬能的主啊……」最後我們終於熬過來了，雖然我的手很痛，但我們救了他一命。從那時起我就知道，我想要救人。

後來在我外科實習期間，曾遇過小兒外科的米勒醫師（Dr. Miller），他身材高大瘦骨嶙峋、有圓形禿（但大家都直接說他禿得沒半根毛），他是我見過最忙的人，手術室裡的他幾乎無所不能。過去他從孩子們的呼吸道和胃裡取出的硬幣有一千多枚這麼多，這些硬幣都完整保存在他的硬幣收集冊裡。我小時候也有過那種硬幣收集冊，厚紙板內頁嵌著滿滿的硬幣，上面覆蓋著透明塑膠保護片，到現在還留著一本呢。隨著時間累積，米勒醫師把他手術取出的硬幣進行分類，並找出最常被吞下的種類，他會說：「我告訴你呀，小心那些丹佛造幣廠做的硬幣。」他也會定期演講，闡述有關統計數據如何遭到誤用，如何導致推論結果無意義。他每天都會趁巡房還有在手術室時，教我們如何判讀X光片和檢查結果。每個星期天早上，他會對著學生和住院醫師上正課，他叫這個是主日學校。他很受人愛戴，我也希望能像他那樣教書，有朝一日也受到學生如此的愛戴。他的女兒跟我上同一班，開學第一個月我就遇到她，我還不小心將大體的腳趾甲彈入她那滿是污垢的解剖外套口袋裡。儘管如此，她還是成了我最好的朋友之一，後來還當了我婚禮的伴娘。幾年前某一天，我在診所看完最後一位病人之後，開車到密西西比參加米勒醫師的葬禮。當我走進告別式會場時，她和她丈夫以及他們四個十多歲的孩子，都衝出家屬區過來抱著我，我們站在原地一起哭了一會。他們知道米勒醫師對我而言有多重要，他曾為成千上萬的孩子們盡心付出，當然還包括了對我的栽培。

我在心臟內科時發現自己喜歡幫人檢查，從兒科知道我會憐憫無辜的人（無辜和清白有別），從手術中發現用雙手拯救人命很讓人著迷；從米勒博士那裡，我了解到我希望以後能教書、受到學生愛戴。我知道是時候該選擇要當哪一科的住院醫師了，但我那時也只知道，當神經外科醫師**肯定會累成狗，不像我會做的事**。

可是在醫學院的日子裡，我總會看到急診室裡人山人海，神經外科住院醫師過來以後，會迅速檢查電腦斷層掃瞄醫囑，冷靜的與家人交談，然後有條不紊的處理下一個緊急情況，逐一解決問題。那些我遇到的神經外科醫師，看起來都很累、脾氣差、工作過勞，待人態度都有些古古怪怪的，對我也是一樣，彷彿他們跟其他人生活在平行時空，但是當我開始跟著他們實習後不久，再看他們就不覺得有那麼奇怪了。他們一有空檔就教我大腦和脊髓的知識，在被一片混亂包圍的急診室裡，他們會陪著我一起到深夜，為我畫複雜的圖向我解說，例如手臂肌肉神經分配圖或是腦神經概略分布圖，直到現在我都還會親手為學生畫腦神經圖。我們照顧的病人中有的因為車禍造成血栓、有的脊椎受傷需要修復、有的有腦瘤需要切除，或是有各種致命的中樞神經系統障礙，他們和你我一樣都是人，並且是在生死邊緣掙扎的人。不過我們會把他們從鬼門關拉回來，雖然世事不可能盡如人意，但大部分都能見效。醫學院三年級那年的感恩節假期，我特地留在醫院，就為了可以和他們一起工作，我還記得那時感覺工作起來很自豪又無敵。

那幾個星期每次路過神經外科手術室時，我都會停下來往裡看，瞧瞧他們在做什麼，不只是一次兩次，而是每次，其實我每次都會踮起腳尖從門上的小方窗向裡瞧。有一天，我又往裡面看，剛好看到他們在工作，然後我想著自己能與人溝通，能救人、能教人，我可以成為一名神經外科醫生，因為我和他們有著許多相同的特質。

在杜克大學當住院醫師的頭兩年記憶很模糊，接著兩年的模糊慢慢活成了六年的模糊。我自己也弄不清楚當初是如何從密西西比大學去杜克大學的了，我想或許跟學生時期去那裡實習一個月的經歷有關。我可以長時間努力不懈的工作，對於不清楚的事我會尋找答案，直到找出解方，不會瞎編亂造假裝知道。這段時間的模糊是因為我已經進入醫學院最後一年，在即將踏上這段不平凡的人生旅程時，我父親患上了肌萎縮性側索硬化症（amyotrophic lateral sclerosis, ALS），一種漸進性神經退化性疾病，會導致癱瘓直至死亡，而且沒有手術或治療的方法。我把父親留在密西西比州，一年後在那個我人生中最忙最緊張那天，他突然消失了，只留下我和我眼前這條路。

就算我不確定未來在醫學路上會怎麼走，但是無論如何，我也要去了解擊敗我父親的謎題。我相信以後會在病人身上看到他的影子，也會在病人家屬的悲傷裡看到自己的影子。

面對生死之間的現實，人很快就會把所有美化的、自覺無敵的想法消磨殆盡。我記得早年當住院醫師時，曾遇過主治醫師對我說，每當我照顧他的病人時，他都想好好教訓我一頓。他這麼說的同時，還用力比了個像是「OK」的手勢，他的食指緊緊扣在拇指的指節皺摺裡，壓得手指皮膚都變白了，那手勢像是在影射教訓我的樣子。我聽著心裡想：「我的老天爺，這裡到底是哪裡。」我們會連續不停工作好幾個小時，也會在嘴裡還含著食物時睡著，我會在凌晨開車回家時撞上同一棵樹，一個月兩次，還好車開的慢，但其實就是太累睡著了，再多的咖啡因或腎上腺素，都無法抵消連續兩晚沒睡的疲勞感。當疲勞像這樣隨著時間不斷累積時，用術語來說這個就叫睡眠債（sleep deficit），走這條路免不了經歷這樣的過程，這點無庸置疑。要嘛就堅持下來，要嘛就自動退出或被判出局。身為一名住院醫師，很快就會發現，心裡只想著在急流中浮著不被淹死，直到事情結束的那刻。

在神經外科這一片混亂之中，兒少病例吸引了我的注意。我看著小兒神經外科醫生與父母孩子一起，從等待診斷的焦慮到精細的手術，最後進入康復的解脫。對於孩子，這是恢復健康和活下去的機會，只是個單純無辜的想法：以前會痛痛，現在不痛了；但對於父母而言則是深沉的情緒，有聽到孩子生命可能有危險時的痛苦，也有讓醫生在孩子身上動刀所必須給予的信任；對外科醫師來說，這是個從根本上改善、甚至是拯救一個孩子的機會。孩子有滿滿的潛力尚未成形，未來還充滿著無限的可能。

有個專有名詞叫「多能性（pluripotent）」，通常用在描述幹細胞這種對人體極其重要的微小結構。幹細胞能轉變成幾乎任何種類的細胞，至於變成什麼，則取決於過程中所受到的影響。多年來為一個又一個孩子做手術，在他們的生命中產生深遠的影響，有幸做這個工作、看著他們長大成人，我開始覺得自己是身負使命而來，要把這些無限的潛能，一次次的在世界上釋放。

訓練期間我遇到的許多小兒神經外科醫生，也促使了我的選擇，其中對我影響最為深遠的是提姆．喬治（Tim George）醫生。在杜克大學期間我和提姆合作腦部成像研究計畫，為了發表研究成果，我以住院醫師的身分參加了全國小兒神經外科研討會。一整天聆聽其他講者的發表內容，與領袖們、其他可能成為我導師的學者，還有我的同儕們交流。我的妻子當時還是醫學院學生，也陪著我出席了這場研討會（這也是她人生中的第一場），她轉身對著我說，**我是屬於這群人的，是他們的一分子**。用她的話說，她覺得我像是夾在一群英國遊客裡，結果發現原來我也是英國人。

事實證明我們是一個相對較小的群體，整個北美只有大約兩百五十人左右，其中百分之二十是女性。這個比例僅次於婦產科、高於任何外科次專科，而女性比例還在持續增加，這對小兒外科而言顯然更好。毫不意外，我們是群有點古怪的人。全國會議時，只要我們在講台上開始喋喋不休，就會有人以儀式般的熱情敲響一面鑼，表示「夠了哦！」。我相信我們之間能處得這麼好，是因為我們都有著治療孩子的經驗，或許成功、或許失敗；我們看過感激零涕的父母，也看過怨懟責怪的。我們在手術室裡花上好幾個小時跟老天談判，就為了讓病人能止住血、腫瘤最終能剝除，或是腦水腫可以消退……「老天爺我以後什麼都聽你的，求求您，拜託讓我順利剝除這個瘤。」

要成為一名獲得委員會認證的小兒神經外科醫師，在完成住院醫師訓練後，需要額外進行一年專科訓練。我決定到阿拉巴馬大學伯明罕分校，加入由傑瑞．奧克斯（Jerry Oakes）所領導的菁英團隊度過這一年。他比我早幾年在杜克大學任教，備受推崇。值得慶幸的是，儘管每天要工作十二個小時，但那一年矛盾少了些、睡眠多了點。花在手術室裡的時間，讓我學會了很多東西，身為一名外科醫生，最重要的莫過於了解神經系統三度立體空間結構，會隨著時間發生什麼變化。因著孩子的年齡增長，這些脆弱的組織也在成長，早產兒與十八歲青少年的大腦及周圍結構大不相同。我開始體會到，時間可以是解剖學的第四度空間，以及時間對結構大小、結構連結有什麼影響。這將是未來我要教住院醫師和醫學系學生的基本功，同時也是人類神經系統妙不可言的證明。

在大學之後花了十一年，一切終於修成正果。但那些乾癟枯槁的神經外科醫生會告訴你，現在才是真正學習之路的開始。完成住院醫師的訓練，並成為獨當一面的主治醫師後，再也沒有人會跟在後面幫忙擦屁股，也不會有人陪在身後一起巡房或看診。你是受病人和家屬信任的人，他們將視你為擺脫惡夢的出路，前來求助於你。我當小兒神經外科醫師已經二十年了，在阿拉巴馬大學伯明罕分校十年、范德比大學十年，幫助建立系統並訓練醫師。在我的職業生涯中，我做過五千多次手術，其中胎兒手術是最奇妙的；手術成功後的創傷，是最讓人欣慰的；腫瘤和血管畸形是最難的；腦積水是最常見的，但若因些許個體差異導致手術失敗時，則真的會令人抓狂。我曾經因失手有過遺憾，也有過一些難以想像的美好經驗。好幾次我對著站在手術室前的家屬說：「這不是能坐下來慢慢講的時候」，然後我轉身就走了……我曾向年輕夫婦說，腦動脈瘤破裂已經危及到他們幼女的生命，真的沒空再多說半句了，我得趕快進手術室去搶救他們的孩子。當事情最終無可挽回時，我曾被人大小聲的吼叫，偶爾也會遭到威脅。每一次我都會試著去理解，這樣的結果對父母來說有多難受。手術後我曾和父母們一起流下淚水，有時是因為終於鬆了一口氣，但有時流淚卻是因為悲傷。我曾躲在沒有人的更衣室裡哭，我以為自己能夠壓抑住，但淚水還是湧了出來。

多年前，有人請我加入一個連體嬰新生兒治療。這對雙胞胎後腦勺相連，而且由於太過早產，看起來無比嬌小脆弱。腸壞死可能發生在極端早產兒身上，這種病例其中一名嬰兒，正因為腸壞死情況嚴重惡化，血液中的毒素同時威脅著相連的另一個嬰兒。結論是我們決定試試看緊急分割手術，若有時間準備手術，那真該謝天謝地，但我們沒有。我們沒有半點時間做術前準備，只有最低限度的影像判讀，和兩個垂死的早產兒。我們一路割開皮膚、開顱到切開硬腦膜，只流了一丁點血，看起來一切都很順利，在麻醉下看到生命徵象實際上有改善。但是經過三個小時的手術後，手術越做越深入，雖然靠著凝血技術減少出血量，但要分開兩個大腦間數百個相連的微小血管，血開始流得稍微多了。接著要分開連著的大腦深處，到這一步開始流了很多血，多到止也止不住，麻醉師也不停的為雙胞胎輸血。突然間，我摒棄了按步就班慢慢來的想法，直接用剪刀剪開連著的頭骨將他們分開，好讓我和搭檔可以各救一個分別止血。

然後血止住了。

停了，所有的出血都停了，他們都死了。淚水淹沒了我的視線，不停掉在面前的雙胞胎身上，我記得我哭到連縫合時都看不清楚。我得把他們的屍體縫好，這樣父母至少可以抱著他們的孩子，分開抱著。我們早該決定犧牲狀況差的那個，救下另一個，由於我們兩個一起救，結果兩個都走了，而我仍然記得雙眼潰堤的那種感覺。

許多年來，我腦中一直有一個想像出來的地方，一片綠草如茵的原野，我需要這樣的一個地方來存放這些記憶。當我遇到一些無法理解的事情，一些讓我質疑信仰或充滿沉痛悲傷的事情時，我會靜靜的坐著，神遊現實之外，想像著那片如茵的草原。我會想像自己沿著一排小土堆走，直到我找到一個新的地方，一塊新大陸。我會掀開草皮在地上挖個洞，把悲傷的回憶放在一個盒子裡，然後把盒子埋在洞裡，蓋上泥土，做成一個小土堆。每次在心裡做完這個儀式，我才會離開那片草原，回到現實生活。

然後在二〇一七年夏天，我看著斷層掃瞄片在我的電腦螢幕上捲動，就像我在過去二十五年裡重複的一樣，接著討論這個腫瘤是如何形成，以及幾種可能情形，包括良性的和惡性的；影像看起來是惡性的，需要再做一些檢查然後手術。不過這次，不是由我來說這些話，我是聽的這一方。我的骨盆和大腿肌肉之間，有一個網球大小的腫瘤，就在大腿神經上方，這個位置我都不知道幫人開過多少次刀了。看起來是惡性的，所以我做了根除性的手術整個切除，最後也確實切掉了，順帶切掉了一些走路需要用到的肌肉。我還記得和病理醫師一起看切片報告，期望著或許有機會能確認是良性腫瘤，即使教科書上說這種機會只有萬分之一。看著自己身體有一部分失控的增生，感覺真的很怪。第一次手術後，接著又進行第二次手術修復缺損，經過嚴格臥床休息後又做第三次，前後整整十個星期。

當人持續忙碌工作這麼長的時間後，被迫強制臥床休息，難免開始為自己傷感，但突然間，我意識到這也不是壞事。傻瓜，這瘤不是長在大腦、脊髓、胸部或腸道，而是在大腿肌肉裡，好好治療的話，有一天能恢復行走功能的。當自己撐過了生命威脅後，不免開始回想過去，我想起多年前約翰．史東送我他的論文集，封面還寫著「致傑，一開始……」。當我臥床休息時翻了翻那本書，我想著自己是如何進入醫學院，如何學習更正確的看待生命的意義。我想到了那之後我有幸能走過的那段路，以及路上學到的所有一切。

人都是脆弱的，這沒什麼奇怪。但也沒有比嬌小的胎兒更脆弱。面臨黑暗和未知會使我們更脆弱，但是生命總會找到出路，人類也非常有韌性，這點我深有體會。沒人比起小生命更有韌性，孩子來到我們這裡都是因為有某些問題，需要治療大腦或脊髓，那是生而為人最神聖不可侵犯的、使我們本質上之所以成為人類的部分。我常覺得自己做這類的手術，使我變得更悲天憫人，感到自己也隨著病人的康復而被療癒。

現在是時候講講這些孩子們不凡的故事，以及我們共同的旅程了。

一：警鐘

二〇二〇年春日裡的某一天，我們醫院就跟其他醫院一樣，正全力因應新冠肺炎做準備。當西岸的同事透過群組電話、社群媒體或文字訊息（有需要的話，你可以整天戴著N95面罩。你必須戴兩副口罩。囤積一點哮喘吸入器。我們已經少掉四名術後病房護理師了，他們接觸到病毒，現在正在家中隔離）分享他們在北美遭遇第一波病毒侵襲的經驗時，整個感覺變得很糟。我當時的主要任務是解讀大量送入的數據（有些有效，有些無效），身為緊急應變小組的一員，我隨時準備好為可能湧入的病患動手術。團隊迅速縮減至最精簡；除非緊急狀況，否則手術全數取消；所有非臨床人員都回家。

有一位十二歲的孩子被送來，她因為腦動靜脈畸形（arteriovenous malformation, AVM）破裂昏迷不醒。時間倒回幾個小時前，當她說自己頭痛時，正和家人一起遵守州政府和地方政府的居家令，在家一同觀看《哈利波特》（*Harry Potter*）電影全集，但就那麼短短幾分鐘，她便沒了反應。

身為小兒神經外科醫師最不容易的地方，是人會變得特別敏感，即使是下班後的生活，仍會不斷有災難可能發生的預感。日復一日年復一年，變得特別能夠適應緊急情況，相信改變是不變的真理。

比如小女孩前一分鐘還和家人一起吃爆米花看《哈利波特》，下一秒突然頭部劇痛，接下來就因為腦溢血而昏過去。

或是孩子上學前吃早餐，吃著吃著趴倒在麥片裡，父母還以為小孩子在調皮，直到心頭一驚，意識到這不是在搗蛋。

還有摩托車剎車失靈撞上十三歲的孩子。

一位父親在開車時回頭確認兩歲的孩子有繫好安全帶，結果衝出馬路撞在一棵樹上。兩天後，他和太太因為這場車禍戴上了護頸、坐輪椅，孩子則是再也回不來了，兩人還必須一起同意拔除孩子的呼吸器。

吃早餐、繫安全帶這些對一般人來說是再平常不過的事，卻能在我心中敲響一聲聲的警鐘。兒童汽車安全座椅並不是個煩人的瑣事，這跟阿波羅號發射前，技術人員確認太空人有沒有固定在安全帶上一樣重要。當我看到兒子沒戴安全帽跳上朋友的滑板，就會不由自主想起凌晨兩點的顱骨開放性凹陷骨折（open depressed skull fractures）緊急手術，那孩子的出血量多到讓我的手術褲濕得黏在皮膚上。每次開車、吃飯、孩子要出門，或自己不小心滑倒時，眼前彷彿都會閃現救援用的液壓剪、有人癲癇發作，或警察上門的畫面。

為了爭取救命時間，這位十二歲的女孩在送到住家附近的急診室時，就已經先插管接上呼吸器。斷層掃描顯示，她左大腦額葉內有個大血塊正在右移，正常沒有血塊的區域下方有一小團麻煩的血管糾結，看起來很可能是動靜脈畸形（arteriovenous malformation, AVM）。小女孩距離我們急診室有兩個半小時的路程，當下那位醫師正確判斷，做出動靜脈畸瘤破裂的診斷，先在顱骨上鑽孔插了引流管。這有兩個主要的意義，一是排出聚積的腦脊髓液（cerebrospinal fluid, CSF），有助於物理性的降低在腦出血、外傷或腦腫瘤等情況下，可能迅速竄升的腦壓；另外，當引流管連接到床邊的生理監視器時，還能順便監測腦壓。有了腦壓這個數據，醫護人員就能透過靜脈注射，進一步幫助降低腦壓，為後續的治療多爭取一點時間。

腦動靜脈畸形是神經外科數一數二的困難手術。一般人動脈壁較厚，可以在高壓下將含氧血液從心臟輸送到大腦以及身體的其他部位，動脈從心臟出來後會一路分成更小、更多的小動脈，直到變成細小的微血管網，越到末端血壓越小，直至消散。大多數器官中的微血管網由數以千計的微血管組成，寬度只容單個紅血球通過，而紅血球內的氧氣則透過微血管壁送到需要的器官。氧氣流失是讓血液失去鮮紅色，變暗、變藍的原因。在微血管網的另一頭，脫氧的暗紫色血液壓力較低，會匯流進入管壁較薄的靜脈，越匯集血管越粗。這些靜脈會將缺氧血引回肺部獲取氧氣，然後再順流進入心臟，靠著心跳壓力再將充氧血打出，流往各身體組織。

腦動靜脈畸形會讓這個血流路徑故障，這樣的障礙從一出生時就存在，隨著孩子日漸成長，問題會惡化至浮上檯面，有可能造成癲癇發作、頭痛，甚至是急性血管破裂，就像這個小女孩一樣。正常的血流從動脈流出後，會先通過微血管床均勻的讓壓力減低，之後才會匯流進入靜脈。但有血管畸形的人，腦動脈裡充氧高壓的鮮血會直接注入靜脈，中間沒有經過微血管緩衝。靜脈壁本身就薄，根本無法直接承受來自心臟血流的壓力。鮮紅的血液直接噴射到靜脈中導致動脈化，日積月累靜脈壁會開始變薄塌陷、互相纏繞，它們變紅、憤怒、不正常。在手術顯微鏡高倍放大下可以看到，血管畸形處會隨著每次心跳射出來勢洶洶的脈衝，紅色和藍色的血液在血管中混合交織著。

醫生在放入引流管前曾經打電話給我，那時剛過午夜十二點。在原先的醫院做引流管手術、加上轉院花了幾個小時，最後在早上六點左右送到我們醫院，接著推進手術室，麻醉後手術室裡的護士很快就接手。

就在準備手術前的短暫片刻，我抓了個空檔跟女孩的母親快速說明了一下。通常患者搭乘救護車前來時，會先取個假名，好快速先在電子醫療紀錄與醫院系統登記。這次我從她母親口中得知，她的名字是蘇菲亞（Sophia）。接著我告訴她，腦動靜脈畸形破裂，可能會造成蘇菲亞終身殘障、甚至死亡，做手術取出也同樣有殘障或死亡的風險。說得更清楚一點，終身殘障表示她身體可能會有一邊無法移動，也可能失去語言能力，或甚至一輩子要插管維持生命，永遠醒不來。當我一邊自己做好心理準備要對家屬說這些話、一邊準備著眼前的手術時，我想到自己得把為人父母的那部分抽離開來，在當下我只能是外科醫生，必須為那生病的孩子手術。我想像，自己頭頂有個離合器，按下去，內心裡為人父的那部分抽掉，留下外科醫生的我。在這關鍵時刻如果不這麼做，光是想到這位母親，或所有父母親們未來可能要面對的事情，就已經沉重無比。我認為在這種時刻那是個弱點，是神經外科醫生應該要控制住的弱點。要是當下，不經意想起自己孩子第一次騎腳踏車、參加足球賽、吵架和好這些養兒育女的事情，我便會試著放開思緒、控制自己，趕緊抽離父母的身分，拉回到身為醫師的那個自己。

我可以理解這有多難受，整個醫療團隊都非常想救你的孩子，我保證。我也想牽著你的手說一切都會好起來，趕走你心裡的痛苦；但我必須抽離情感，專心處理手頭的任務。院裡最棒的手術團隊已經歸隊，他們曾因新冠肺炎而去支援其他任務，但現在已準備好回到崗位。為了克盡職責，我們都需要抽離情感，只留下專業。專心消毒後，用手術洞巾蓋住頭部，把眼前某家人的心肝寶貝，變成一塊手術區域、一個矩形，一位被無菌洞巾覆蓋的人。很快我們眼裡只有手術區域，盯著那個地方，我們深信自己知道如何解決問題。

腦子裡有血塊壓住導致腦壓過大，真想馬上去除血塊降低腦壓。但又因為這血塊堵住血管破裂處，才剛止住了出血，拿掉可能又會引發出血，我不想冒這個風險。我們很快的找到了血管畸形中供血的那條動脈，用顯微鑷子將旁邊組織剝開，讓它露出了幾公釐。住院醫師就在我旁邊，她小心翼翼的在那條動脈夾上一個微型血管夾。就在這一刻，我們看到血管畸形附近充血的、搏動的靜脈，從憤怒的紫色漩渦變成了平靜的藍色，這表示血流回歸正常。我們再用另一個微型血管夾，夾住血管畸形的靜脈那一側，兩邊用微型剪刀剪幾下，血管畸形處就拿掉了，接下來就是要小心的從大腦的最深處取出血塊。我們輕輕的沖洗患部周圍，讓血塊露出來，再用一個微型的吸引器，把凝血的部分吸掉。就那麼幾秒鐘，腦壓降了下來，再也沒有血塊造成壓力，該功成身退了。

當大家努力奮戰時，我注意到整個團隊都發散著能量，一直延伸到手術室門口，甚至透出到外面的走廊。同事們時不時會探頭看我們，平時會擦身而過的面孔也出現在門窗上。我想著在過去這段時間裡，看著世界被無情蔓延的傳染病征服過後，這些情感也就被壓抑了。我們腳上踏著的地方、手術時的那一刻，都在提醒著我們原本的生活，也給了我們清晰的目標，好讓我們在看著周圍的世界發生變化時，能暫時從無力感中解脫。**這個手術室是我們行醫救人之處，而且會一直下去。**

接下來幾週裡我看著她慢慢康復，術後幾天從昏迷中醒來，然後幾乎每小時都有進步，開始能說出家人的名字、伸手拿東西，與周遭環境互動越來越多。很快她就被轉到附近的復健醫院，重新練習如何站立，她幼時學步的大腦迴路還在，只需要再重新找回感覺。在她轉院不久後某天，我下診後沒驅車離開，而是散步去對街的復健醫院探望她。

那時傳染病流行情況已漸漸穩定，然而因為新的新冠肺炎探視規定，她不能有訪客，只能由父母輪流陪伴。我走到她敞開的門前，往裡面看了看，然後敲了敲門框跟她打招呼。她就坐在那裡，不久前才瀕臨死亡的她，現在卻能和媽媽坐在一起玩撲克牌！我回想手術前跟他母親談話的情景，那畫面多麼讓人摒息。即使把孩子們從鬼門關帶回來是我們的工作，即使已經如此這麼多年，但這種時刻還是會讓我讚嘆不已。她不僅能與人互動、說話，而且還很活潑。母女兩人看到我來，抬起頭來都笑了，她的物理治療師在我到了不久後也來了，我看著她從床邊試著站起來走路。儘管她每天都有進步，站立卻仍然是個挑戰。在媽媽的鼓勵下，她慢慢朝我的方向走過來。我看著女孩抬起頭微笑，又低頭看了一眼，臉上浮現出堅定的神情。我在她身上看到復健的決心，無論付出多少都要為自己拚盡全力的決心。在新冠大流行這段期間，歷經人世間的種種無奈，這種時候真的很需要看看像她這樣的意志力。我想我們所有醫界的人，都需要感受一下這孩子努力前進的那份動力。

她媽媽過來和我並排站在門口看她，蘇菲亞慢慢地、穩穩地伸出一隻腳，等身體平衡以後，再稍稍增加了腿部的力氣，然後她故意放開治療師的手，彷彿在說**她能自己來**，隨後另一隻腳也慢慢加快速度跟上來了，然後下一步、再下一步，直到我們感覺到，她的神經細胞似乎甦醒了，她正在走路。她母親反射性地擰了一下我的手臂。我們似乎可以看到神經元在我們面前自主執行行走的命令。接著，蘇菲亞突然從我們身邊走過，走進了大廳。她的每一步，都在為我注入活力。

二：縫合線

我從不親自拆線，這很花時間，小孩子怕痛總會動來動去的，有時他們還會大叫甚至大哭。孩子們可不喜歡縫合線，事實上，他們怕它怕到像被槍指著一樣。「縫合會痛嗎？」這是手術前孩子們最常問的問題，所以啦，我就不愛做這個，我是神經外科醫師，有神經外科醫師的事情要做。院裡有專人負責術後檢查並拆線，如果那時我在上診或剛好在附近，會過去稍微看一下，確認事情都沒問題。

在我行醫二十多年時曾遇過這樣的病例，八歲的小女孩達萊拉（Dalayla），有嚴重頭痛、失去視覺，大腦左側有個葡萄柚大小的腫瘤，佔掉腦部將近一半的空間，正常的大腦組織被向下擠到另一側。隨著腦瘤越長越大，顯然對周圍組織造成了很大的壓力，她的急性失明就是一種症狀。她到院後不久我就決定要緊急手術取出腫瘤，預計會花上五個小時。為了消毒手術部位，我們剃掉了她美麗的辮子，開了個S形長切口，露出皮膚下明亮的白色頭骨。然後我們用一個小鑽頭在頭骨上鑽了四個小孔，點到點鋸開，形成一個方形的窗口，小心翼翼地取出腫瘤上方的骨頭，下面的硬腦膜因腦內壓力而凸了出來，剪開它時腫瘤和周圍的大腦瞬間就被擠出來了。我們先把腫瘤內部先掏空，這樣就可以將腫瘤邊緣與周圍的大腦組織分離，在這種關鍵時刻我心裡總會浮現我的外科教授傑瑞．奧克斯的聲音：「保持中線」。隨著腫瘤和正常大腦慢慢分開，我們也放上兩公釐厚的細小棉片，止住慢慢滲出的腫瘤靜脈組織液。這些棉片對神經外科醫生來說絕對是神物，我們會用它一片片的隔開正常與異常組織，一次手術就能用掉很多片。棉片一頭有細長的藍色牽引線，末端垂在頭顱骨邊上，這樣我們就能留心，不會無意中在病人腦袋裡落下棉片，護士和刷手技術員最後也會仔細計算數量，確定沒有遺漏，可沒有人想在患者腦袋裡留下任何不該留的東西。我們在手術顯微鏡的幫助下，將腫瘤與周圍的正常大腦分開，手術時有看到細小的血栓，腫瘤中心有一部分已經壞死，這表示腫瘤生長速度太快，快到已經超過了自身血液供應，而生長快速表示它很可能是惡性腫瘤。

不過我們不能卡在這裡，我們離運動皮層只有幾公釐。手術時間隨著我和住院醫師的努力，一分一秒的過去，當挖掉的腫瘤組織越來越多，出血量開始減少，腫瘤周圍的大腦壓力在減輕。等我們把僅剩的一點腫瘤都挖乾淨時，正常大腦已經回填了至少一半的空腔。**真開心，把入侵者趕出去**。接著我想到我們也算是入侵者，我們自己走，一步一步小心翼翼的修復每一層，從硬腦膜到頭骨再到皮膚。

當達萊拉在手術室裡醒來時，刷手護士小心翼翼移走她身體周圍的儀器和工具，準備清潔消毒等待下一個手術。隨著麻醉逐漸消退，她睜開了眼睛，她伸手遮著眼前手術室的明亮燈光，這是個好兆頭。我們摒住了呼吸，有人在她面前舉起了兩根手指，她數了數，不意外的，她回答**那是二**。當我拿起筆，她再次正確回答出「鋼筆」，然後是一個接一個的測試：「電話、拇指、手錶……」當我拿出各種東西給她看時，她一件件回答。麻醉師示意的拍了拍我的肩膀，「傑，我想這樣已經夠了」她笑著說，然後注射了恰好夠把她轉送到加護病房的鎮靜劑。「把她送上樓吧，你覺得如何？」我點了點頭。我們被說服了，說得直接點，是我被說服了，這點她看得出來。

刷手護士繼續清點物品，然後將托盤送出手術室。

「感謝老天！」

我在候診室找到她母親萊斯莉（Leslie），一進門她母親就注意到我，她焦慮不安的迎來，身後是一大家子親屬，她的眼神落在我的臉上，乞求著好消息。我告訴她腫瘤拿掉了，達萊拉醒來後神經系統完好無損，她可以去看看。我舉起我的鋼筆、拇指和手錶，佛彷是證物般，轉述著她如何正確的說出名稱，還有麻醉師最後還拍拍我示意測試夠了。女孩的母親伸出了手觸摸鋼筆，她盯著鋼筆愣了一會，手還懸在我們兩人之間，然後她抱住了我。幾秒鐘後，她轉身擁抱了家人們。他們圍成一圈共同為這個好消息禱告，我也加入了他們一會，同時心裡猶豫著要不要吐露實情，放任現實侵入這神聖的空間。我記得萊斯莉低著頭站在我對面，眼中充滿愛和平靜的力量，試著讓自己振作起來，準備和孩子一起迎接生活中的挑戰。

當我們站在那裡祈禱時，腦海裡浮現的只有腫瘤內部細小的血栓，還有它中心壞死的樣子。我站在那裡，閉著眼睛和家屬們手牽手圍成一圈，但那時我心裡不是在感謝神讓她恢復視力，而是在祈求一個奇蹟。祈求天降奇蹟證明我錯了，她的腫瘤是良性不是惡性的，但我知道不是。沒有什麼能改變她得到的是末期多形性膠質母細胞瘤（glioblastoma multiforme, GBM），高度惡性而且無法完全治癒的事實。罹患這類腫瘤的兒童，平均壽命只有一到兩年，一旦復發就是野火燎原。病理診斷報告要幾天後才能出來，那時我就得回歸現實忠於職責，告訴父母最後的診斷結果，可惜那一刻很快就要到來。

手術後第二天，達萊拉坐在床上和家人玩耍，又隔一天，她說的話常逗樂護士和巡房的醫師們。她手握烏克麗麗威脅著說，要是不聽她的要求，比如把她的午餐全部換成冰淇淋或是把她的漫畫書都帶來，那她就要彈琴囉。在經歷過這麼重大的手術之後，她的韌性和不凡的精神力量激勵了大家。

「你好嗎，傑醫生？」當我結束漫長的一天，巡房巡到她的病床時，她會說：「你看起來很累，需要多睡一會！」當她這麼說，我就會假裝昏倒，惹得周圍的人哄堂大笑。

出院前一晚，我去病房向萊斯莉說明病理檢驗結果，我特意拉過一把椅子坐在離達萊拉遠一點的位置，那時女孩正戴著耳機聽音樂，我很好奇當時坐在床上聽音樂的達萊拉，有沒有看到什麼。我靠在椅子跟她媽媽解釋，臉上帶著關心的表情，她母親聽了以後用雙手摀住了臉，哭了起來。水槽邊緣附近的面紙盒是空的，我只好笨拙地遞給她擦手紙，之後我們靜下來一起坐了一會，然後我起身，一隻手搭在她媽媽的肩膀上，又多安慰了幾句就離開了，但她們的世界就此回不去了。

達萊拉出院後，有一陣子沒見到那活潑的女孩了。有天我在診所大廳裡看到了她媽媽，她回來拆線了。我小心翼翼的等到護士拆完線以後，才進去問她的烏克麗麗彈得怎樣。萊斯莉站在一旁微笑著。我們聊了一會，接著我開始衛教傷口護理常識，像往常一樣苦口婆心的說著。後續也為她擬定了治療計畫，但在接下來的一年裡，她也慢慢的從我們的醫護團隊轉到了腫瘤門診團隊。

正如預期，但又比預期的要早了點，腫瘤又回來了。這次在大腦表面，還擴散到硬腦膜（多形性膠質母細胞瘤通常不會長在這裡），甚至還有骨頭（這更是幾乎聞所未聞），而這次的腫瘤表現得比原先想的還要惡性。當我再看到她們兩個時，沒看到烏克麗麗了。我們又安排了另一次腫瘤切除計畫，兩人都沒有問題，很信任我。簽署手術同意書後，我和她媽媽不約而同地抱了抱彼此，我告訴她，我很遺憾腫瘤復發了。

不久我們又動手術，取出了復發的腫瘤，包括受到波及的硬腦膜和部分頭骨。為了避免她的頭顱看起來有缺損，我們放了網狀物和骨膏，填上了大約半美元大小的洞。這次手術後達萊拉變得安靜了，過去一年的化療和放射治療，每日與腦瘤生活在一起，讓她變了。而這次沒有親屬圍成的祈禱圈圈，只有媽媽仍然堅強不變，守在她身邊。

不到三週，她因為移植的材料感染，又回來了。她的免疫系統受損所以容易感染，是的，外科醫生總會選擇將病情歸咎於併發症。感染可能有多種原因，有些與外科醫師有關，例如手術時的污染或傷口縫合時的疏忽，有些則不是外科醫生能控制的，例如尿液或血液感染，但通常不會有定論。無論如何，多數醫師都會認為那是併發症。

然而更糟的情況是，她整個大腦都出現了腫瘤復發的痕跡。從手術區域附近，到對側好幾個腦葉皺折縫隙，一路擴散到顱骨。核磁共振影像上的白色腫瘤就像一隻毀容的手，手指在攪動大腦灰質，每過去一天她的生命就減去一分。沒有其他辦法能控制它無情的增長，現有的手術、化療，甚至放射治療都已是藥石罔效，已經沒有辦法能有意義的延長她的生命。是時候重新考慮治療計畫了，這對於我們這些慣於處理小兒腦腫瘤的人來說，這情況再熟悉不過了，優先順序從積極治療轉向安寧治療。接下來就是與她母親的溝通，從治療疾病轉變為疼痛控制，目標是讓她在餘下的生命裡，盡可能少受一點折磨。

這是最後一次幫她手術了，我們取出了一小塊網布和骨膏，然後輕輕沖洗感染部位。情況並不像我想像的那麼糟，或許是內疚，覺得也可能是自己造成這孩子的問題，所以容易往壞的方向想，還好口服兩週抗生素就清除了所有感染。通常兩週後就會看到孩子們回院，做他們都怕的拆線手術。她被重新轉介到腫瘤科，針對那沿著脊髓向下擴散的腫瘤，試試看有沒有更好的疼痛控制方式。那天我見到了她，傷口癒合得很好，我的團隊另外幫她規劃了拆線流程，讓她能少回診一次。完成檢查時，我開始想，這次回診以後我大概不太可能會再見到達萊拉了。很快她就要在喜願協會（Make-A-Wish Foundation）的資助下去迪士尼玩，而這趟旅程也因為她的病情嚴重正加速安排。當她安靜的躺在床上，闔著雙眼說話時臉部幾乎沒有表情，我們聊到了為什麼神力女超人還沒成為迪士尼裡的角色，她說打算去吃她的公主早餐，還說如果喜歡的話可以吃個一兩次。

我當下就決定親自幫她拆線。事實上，我不想要其他人幫她拆，這是我的工作，就我一個人的。對我而言，這是比起大聲說再見更熟悉的告別方式。

因為用嗎啡止痛的關係她累了，昏昏沉沉的睡著了。我回到病房時，她母親幫我移動她的身體，方便我找到手術傷口縫線。我小心翼翼的剪下每一針，身為有近二十年經驗的顯微神經外科醫生，這些動作總能做的很輕巧。一線一線輕輕的拉出，直到最後一條線。她沒有動來動去，也沒有哭，母親坐在她身邊，握著她的手。有些時刻當我集中注意力拆線時，她母親會撇過臉朝電視的方向靜靜落淚，讓達萊拉以為她在看電視。

拆完後，我小心翼翼地把剪刀、鑷子和每一根拆下來的縫線，用紗布包起來帶著要走出病房。她母親和我對視了一眼，對我說了聲謝謝。我望著她一會然後說了聲再見，祝福達萊拉的迪士尼之旅愉快，然後走出了病房。

離開病房，我飛快的找了間離我最近的空會議室，關上門，雙手抱頭坐下。我知道自己並不能完全體會失去孩子的痛苦，但我每晚都認真的祈禱著永遠不需要體會。但身為一位外科醫師，在工作上卻又無法不與這些苦痛相連，在苦難面前別過頭去，一次次落下淚來。

三：大腦以及影響人們的一切

「說嘛，它到底是什麼樣子的？它像果凍嗎？還是像顆瓜？顏色呢？它是什麼顏色？」

「優格，」我回答著，「像奶油色的香草優格。」我保持著臉上的微笑繼續說，「像是那種特別濃稠的，濃稠到勺子都能插在上面立著的那種。」

「好噁喔……」孩子們邊說邊嘻笑著跑開，大人們則翻著白眼，大家對於用香草優格比喻大腦都是瞬間反感，好像隨時都能挖一勺似的。

當人們發現我的工作是「開人腦」時，都會好奇大腦是什麼樣子、什麼顏色和稠度。**不，我從未不戴手套摸過大腦。真的嗎？**我治療過的孩子、小孩的朋友，最後都會鼓起勇氣反問，甚至連中學家長會裡的大人們也是。每個人都會問一遍這些問題，除了我的妻子。

「有什麼大不了的？」我的妻子梅麗莎是內分泌學家，她還在杜克大學唸神經外科時就是這麼說的了。那個月我得去神經內科輪值，就因為我不在，醫院行政人員和住院醫師們做了些調整，他們要她參與慢性硬腦膜下血腫手術，幫忙開腦鑽孔、擦洗各種手術病患。硬腦膜下血腫是種慢性血栓，好發在老年人，會導致意識模糊、癲癇等症狀。她常一路忙到下午六點回到家，這對我來說真的很有壓力，因為這一切好像都是因我而起。

「神經外科手術沒那麼難，親愛的，」，我回家後她這樣對我說：「你們只是在搞神祕而已。」

可惡！確實很神祕好嗎！（跺腳）先不管梅麗莎那時半開玩笑的評論，神經外科的確有很多尚未完全解開的謎。像大腦這樣的器官，主要是由蛋白質和脂肪組成，讓人能與周圍的世界互動，形塑個人自我意識及形象。但我們對大腦和神經系統有多少了解？在做手術的當下，調整手術顯微鏡時，我們有「聚焦」（bringing in the scope）這個術語，指的是讓顯微鏡對準，看得清楚才能揭開隱藏在大腦表面下的祕密。借這個說法，現在就讓我帶大家聚焦，花點時間透過神經外科醫生的眼睛，窺探大腦的奧祕。

想像一下，你現在正站在手術台的一端，正好面對病患開顱後敞開著的大腦。長長的藍色無菌手術洞巾蓋住了全身，只露出手術部位，此時呼吸器的嘶嘶聲和心臟監測器的節拍聲，是唯一的背景音。手術房裡鴉雀無聲，接著燈關了，顯微鏡即將到位。患者的顱骨已被小心的移除，硬腦膜這層保護大腦的厚膜也預先切開，現在只是暫時覆蓋虛掩著。醫療團隊早就將手術顯微鏡那沉重的底座，移到患者旁邊的位置了，而顯微鏡則懸掛於手術台正上方的槓桿上，看起來就像起重機那樣。儀器被包裹在無菌布簾中，保持著完美的平衡，只需輕輕動作就可調整視野。

顯微鏡手把上有控制器可以調整位置、焦距，還有光源明暗，這台顯微鏡即將成為眼前這個現實世界的入口。不出片刻，隨著你越來越專注，時間也彷彿開始慢下來了，你的呼吸在放緩，分心的事會離你遠去。你向前凝視接目鏡，目光直指大腦表面，看到一個罕有人至之處，那陌生的感覺應該堪比第一次登陸月球。除了周圍不是蒼涼的灰色，大腦表面充滿色彩和光芒、層次與深度，眼睛需要一段時間才能適應突然的光亮。大腦表面光滑，但確實是奶油色，是最淡的黃。在顯微鏡的反射下閃閃發光，上面包覆著精細的血管網絡和一層薄薄的半透明組織，稱為蜘蛛網膜（arachnoid layer），看起來像我們熟知的保鮮膜。大腦外觀有稱為腦溝（sulci）的裂縫，裂縫中間突起的稱為腦迴（gyri），蜘蛛網膜沿著所有的起伏，完整地覆蓋所有大腦表面。你周旋其中、沿著解剖圖般標準的大腦表層遊走，可以找到運動皮質區，那裡是控制運動（提示：超級重要）、感覺（同上）、視覺（同上）的地方，最重要的是人的語言功能（更同上），當然還有整個大腦的功能。

當神經外科醫生必須處理大腦腫瘤、血管畸形或任何病灶時，會用一種叫雙極電刀（bipolar）的精細長鉗子。使用時電流通過鉗子尖端，能電燒範圍大約幾公釐的大腦表層及相關微血管，接著用顯微剪刀切開微小的血管和大腦表面，開口大小剛好能小心的插入器械。另一隻手則拿著小金屬吸引器，這個吸引器在中間手握著的地方有個很小的縫隙，可以用拇指蓋住以調節抽吸力量大小。這四大器具：雙極電刀、顯微剪刀、吸引器，再加上不同形狀和大小的解剖器械（使用何種器械就看個人在神經外科訓練的過程）。以上就是神經外科醫生處裡大腦和脊髓時，最常用的四大工具。如果有神經外科醫師入門工具包，也許就是個皮革製的小工具袋，內袋裡放這四個工具捲成一組。

一旦穿過大腦表面保護層，要向下深入病灶時，我們會小心翼翼的穿過周圍的灰質，那裡是大部分神經元細胞本體所在之處，然後就進入白質，那裡有數以百萬計的神經樹突和軸突連接著大腦。在這裡使用吸引器和解剖器的時候，不免想起雕刻，當我們越來越深入腦內，會用最精細的小刷子撥開管道，仔細琢磨出腫瘤、腦血管畸形或其他病灶，直到時機成熟潛入深處、取出目標。

我所認知的大腦有兩個層面，首先是大腦解剖結構，及表面結構如何與內部神經相連與「線路安排」，使人能夠看到、聽到、行動、說話、愛，還有自我意識、對這個世界的認知。這部分對我來說，存在神經外科手術室裡，縈繞在我手術前的腦海和夢裡，尤其是處理困難病例的那幾天，以上種種綜合成我所認知的，所謂物質面的大腦。

大腦的另一面是神祕、隱而不現的，有些人會稱之為心靈。自有意識以來，一直激勵著人類的精神，古埃及人可能與這個層面有關。眾所周知他們埋葬死者前會小心保存所有器官，但卻會從亡者的鼻子掏出顱內物質，認為大腦不是一個重要的結構。還有，他們對嚴重顱骨和脊髓損傷的理解詳載於《艾德溫・史密斯紙草文稿》（*Edwin Smith Papyrus*），稱其為「一種不能（或不應該）治療的疾病」。這項發現多虧了羅塞塔石碑（Rosetta Stone）譯文，以現代人的角度來看，這真是份讓人驚訝的文件。

大腦是靈魂之所在，是自我意識的源頭，使人類能夠定義自我、區分非我。這就是為什麼有西斯汀禮拜堂（Sistine Chapel）天花板上的壁畫、瑪雅安傑洛的詩、芝加哥藝術學院的印象派展品等這些圍繞著人們的藝術。同樣的，這也是為什麼會有希特勒寫《我的奮鬥》（*Mein Kampf*）、一九二一年土爾沙種族大屠殺和巴丹死亡行軍。由於大腦複雜的運作與反應，人們因而有了創造力和破壞力、攻擊或防禦、愛與恨。至今它仍然是目前已知最強大，也是最神祕的人體結構。

大腦（cerebrum）

大腦主要分成左右兩個半球，各自可再區分為不同腦葉，分別負責思想、語言、感覺、運動、視覺、記憶以及所有知覺。隱藏在大腦表層之下的，微觀是運動神經元細胞體聚集，是身體回傳訊息的感覺神經中繼站，是控制身體的核心，主導身體戰鬥或逃跑反射和其他包含呼吸、心跳、溫度控制等關鍵功能。所有功能靠的是數以百萬計的神經元相互串接而來。大腦細胞大部分都是神經元，仰賴密集的血管叢提供營養，其中氧氣的輸送尤其重要。

我記得好幾年前，有個叫漢娜（Hannah）的少女令人印象深刻，她的症狀是右手有時會不自覺的輕微顫抖。她不希望讓父母擔心，也不想要朋友看到她手抖，所以在症狀初期一直隱藏著，但後來病情惡化到會讓她因睡不安穩而半夜醒來。沒過多久，即使是用夾克和毛衣遮著，那個抖動也蓋不住了。漢娜的家長中，母親是保健教練（wellness coach）和個人健身教練，很快就察覺到不對勁，開始尋找原因，最後他們的家庭醫生做了磁振造影檢查，結果顯示在大腦右側的基底神經節（位於大腦深處負責協調運動的構造）中有一個核桃大小的腫瘤，上面還有一個大囊腫，壓迫到周圍的組織。生命就是如此猝不及防，她高中的體育活動就此停止了，即將到手的駕照也被擱置，上大學的計畫只能放一邊，生活瞬間停擺，等待契機。

她父母帶她過來就醫，我們一起討論手術的風險。腫瘤位於大腦基底幾條重要的血管旁邊，而那個大囊腫壓迫到的，正巧是最重要的基底神經節。經過一番唇槍舌戰，漢娜抬起頭來告訴我，她信任我，她想盡快回到學校，畢竟那個正常的生活在等她回去。接下來她擁抱了父母，下定決心。

我還記得在顯微鏡下，細小的血管在囊腫上盤根錯節，之後才流入正常的大腦中，那樣子就像病灶上掛著珠簾一樣。我們在手術顯微鏡下打開大腦取出囊腫，然後切除那血管環繞的腫瘤。有數條微小的血管通過腫瘤邊緣，正好位於表面之下，從另一端穿出，通往正常的大腦。我們花時間仔細的把血管和腫瘤剝離，確保血管上乾乾淨淨沒有腫瘤組織。其中有一條被腫瘤侵入較深，在分離時開始滲血，最後不得不電燒止血。這是其中最小的一條，而其他血管都完好無損的保存下來了。經驗告訴我，這些血管已經足夠供血到周圍重要的大腦部位。做完手術後，腫瘤已經完全清除，腦壓也降下來了，我對當天的手術感到很滿意。闔上硬腦膜、把頭蓋骨回復原位後，我走出手術室去見她父母，卻沒意識到這一刻的平安馬上就要風雲變色。

那時我面帶微笑走進家屬等候室，坐了下來和他們握著手。正當我告訴他們手術順利時，卻意外接到通知簡訊，說她沒有按照預期醒來，她身體還有一側無反應，完全無法移動。我低著頭看著手機簡訊，然後抬起頭向她父母告退，再次進入了手術室。我看著漢娜，她睜不開眼睛也沒辦法照著指令行動，原先我預期她能完全清醒並照著醫護指令做動作，現在不但沒有，而且她右側身體幾乎完全不能動。手抖的情況是消失了，但那隻手臂現在卻完全不能動了，她右腿的力氣也比另一邊弱。緊急核磁共振檢查顯示有小中風，簡單說就是腦部影像上有個點，這表示儘管我們努力分離了一條條血管，但被電燒止血的那條沒止住，它很有可能是供應基底神經節的主要分支。事已至此再無回頭路，再回去等候室跟家屬更新情況時真的很為難。這次我坐下時沒有半點笑容，我告訴她父母，只有時間才能證明她的傷勢到什麼程度、最後能恢復多少，而這需要很多時間。

漢娜花上幾個月復健才讓右半邊身體能動。事實上，她也花了一些時間，才恢復到和術前一樣的理解力。由於枕葉也受到波及，這塊枕葉剛好是視覺訊號接收區域，結果導致她有部分視力永久性受損。不過多年以後，雖然還是有些地方無法盡如人意，但她不僅康復而且還過得很好。她開著改裝車，到地區大學就讀，還特意選擇比較困難的課程。手抖的症狀消失了，但那隻手有永久性的輕度無力，這是切除腫瘤背後的昂貴代價。如果你問她，她是不滿意的，但誠如她所言：「這就是人生，而人生在世是為了讓事情朝最好的方向發展。」她的父母都覺得幫她復健，是人生中最重要的課題和使命。

經過這些年，我和他們一家也建立了穩固的關係。漢娜是我切除肌肉腫瘤、返回工作崗位一年左右出現的，算是我自己術後的第一批患者之一，也是她給了我為腫瘤命名的想法。漢娜的腫瘤走的是魔幻風，命名為小惡魔；我的肌肉腫瘤是以C.S.路易斯（C.S. Lewis）的作品《魔鬼家書》（*The Screwtape Letters*）之中的角色命名，稱為渥姆伍德（Wormwood），這角色代表著人類的墮落。我自豪地向她展示了寫著渥姆伍德的網球（跟我的腫瘤一樣大），那是我臥床三個月後好不容易能夠再次走路時寫下的名字，她很喜歡。她父母到現在都還會寄練習球送給我。

小腦（Cerebellum）

就顱內腫瘤與血管畸形而言，大腦後方或說是小腦的部位，往往是小兒神經外科醫師最花時間、費最多功夫的地方。除了小腦先天性畸形之外，不曉得為什麼小腦腫瘤和血管畸形在兒科裡更常見。小腦位於後腦勺，也同樣分為左右兩個半球，主要作用也是協調，與上面提到的基底神經節協同作用。小腦是寫字、揮動高爾夫球桿、打棒球，或是把義大利麵捲到餐叉上的關鍵。早期在神經解剖學裡，它是人腦中不被重視的小兄弟，科學家在研究大腦時似乎也常忽略它。除了協調整個身體的行動外，普遍相信小腦還可以協調言語甚至思想，隨著額葉從早期哺乳動物經歷猿猴再到人類，進化的過程中不斷生長，小腦也在人類日漸進步的思考溝通模式裡，發揮更多功能。

由於小腦位於後腦勺，若是長出幾個月大或甚至只要幾週大的腫瘤，都可能造成阻塞使腦脊液無法正常流動，導致腦積水使腦壓升高。腦積水（Hydrocephalus）是小兒神經外科醫生最常遇到的問題，一九五〇年代中期發明了腦室腹腔引流器，一種將被阻塞在大腦的液體透過分流軟管引流到腹部的裝置，這個裝置每年拯救了數以萬計的病患。提到神經外科領域，就不可能不提到引流器在小兒與成人神經外科的作用。說句實話，我想我在小兒神經外科的同事們，應該會訝異於我前面鋪陳了這麼久，現在才終於談到腦積水。

不過要是談到小腦腫瘤，除非切除腫瘤或血管病變幾天後還有腦積水，否則治療方式通常不會是引流。終極的治療方法是儘量把腫瘤或血管病變切乾淨，病情惡化的表徵往往是頭痛或嘔吐，可能持續數週甚至數個月，然後是腦部掃瞄、緊急電話、諮詢神經外科醫生，接著做最後的切除手術。

小腦血管異常如動靜脈畸形或海綿狀血管畸形，而且是急性破裂的情況下，腦積水不會慢慢累積而是會瞬間增加，不馬上治療就有生命危險。

八歲的梅根，某天早上起床就開始嚴重頭痛。沒過幾分鐘，她便嘔吐，接著跌入媽媽的雙臂後且毫無反應。瘋狂撥打911後，救護車抵達，將她送到我們的兒童醫院急診室。在路上，她的狀況開始加劇，心跳變得很不穩定。九十分鐘後，梅根被用輪椅推到急診室的小兒急診區，此時已經集結了一個大型團隊等她到來。

梅根到院時已經瀕臨死亡。她的檢查結果很糟，電腦斷層掃描顯示小腦有個大血栓塞住導致腦積水。我們懷疑是海綿狀血管瘤（cavernous malformation），一種與動靜脈血管畸形類似的血管病變，不過已經沒有時間做MRI或是其他影像檢查了。住院醫師在急診時就已經先在大腦放了一條引流管，排出液體減輕腦部壓力，那時梅根微微動了一下，但問題是血塊還是太大了。我們迅速決定把她抬進手術室，讓她俯臥著並剃掉後腦勺的頭髮，劃開皮膚、打開頭骨，取出梅子大小的血塊。取出血塊的那一刻，她的生命徵象開始恢復正常。

手術後，她在加護病房睜開眼睛，看著媽媽在床邊走來走去。但問題是梅根每次抬起手都會不停的抖，恢復到能拔除呼吸器以後也沒辦法說話，看來身體無法協調行動，她的身體顫抖掙扎著，始終無法坐起來。我們是救了她的命，但這種狀態對她和她母親來說很難接受，也讓我們感到心碎，**我們救回來的究竟是怎樣的人生？**幸運的是，梅根和大多數孩子一樣，有著無限康復的潛力。同樣幸運的是，梅根的母親對她不離不棄，盼著她能好起來，在她因為腦損傷進入復健中心時，不斷提供資源與支持的力量。

我最後一次見到梅根，是在當地的鐵人三項比賽，她是特別的參賽者代表，我看到她戴著她的一號背號出賽。當她越過終點線時，我和她的母親一起為她歡呼，當梅根用她自己的話，告訴我的孩子們她所受的磨難以及我在其中的角色時，我倍感驚奇。女兒來回打量著梅根和我，第一次真實的體會到，那些她時不時在餐桌上聽到的故事，還有為什麼爸爸當時有事先走那背後的現實。梅根與她母親和我一直保持著很親近的關係，她們會傳給我她各個重要時刻的照片，我總能從中感受到，她會成長為她注定要成為的那種堅強女性。

腦幹（Brainstem）

就像香菇帽下方有個柄那樣，腦幹位於大腦下方、小腦前方，屬於腦的柄狀部分。腦幹自上而下分為中腦、橋腦和延腦，除了是運輸各種行動與感覺的高速公路外，腦幹內部還有好幾對神經核，這些神經核屬於腦神經，編號由I到XII。一般而言，臉部、頭部和頸部的大部分功能都由它掌控。

這裡不得不提個重點，兒科裡最致命的腦腫瘤——瀰漫型內因性橋腦神經膠細胞瘤（diffuse

intrinsic pontine glioma, DIPG），生長位置就在空間狹窄的腦幹。患童常因錐體束功能障礙導致無力，而產生眼睛和臉部活動障礙。影像醫學檢驗結果能夠確診，對那些症狀進行最後的宣判：DIPG蓋棺論定。腫瘤會緊密交織在橋腦上緻密又關鍵的結構裡，因此也無法做手術；放射治療和化療，最多也只能延長一兩年的生命。

在我當住院醫師的那段日子裡，有位母親的身影深深烙印在我腦海，那是在她十二歲女兒被宣判罹患DIPG前。她們那時在小兒神經外科主治醫師赫伯（Herb Fuchs）的診間裡，現在的赫伯和當時幾乎一樣，又高又瘦、老愛講同樣的笑話，很受患者的歡迎。當他幫那個小女孩檢查完以後，巧妙的暗示我先帶女孩出去找護士。我記得那時我領著女孩，門在我身後正要關上時，我注意到她不安地低頭看著自己的腳。也記得回頭望向診間時，看到赫伯低著頭盯著地上，現在想想，他那時應該是正在為接下來要說的話鼓足勇氣。幾分鐘後當我回到診間時，那女孩的母親抓住他的衣領搖晃，抽泣著說她女兒長大以後想當最高法院的法官，天啊她怎麼能告訴她這些。我記得赫伯伸出手輕輕擁抱她，直到她平靜下來。片刻過後，女人拭了拭淚痕走開了，她們重新振作起來，再一頭栽進這個意外的噩夢裡。

今天當我看到赫伯，那個即將退休的他，總是問我那位比較優秀的威倫斯醫生過的如何（指的是我妻子），那一刻永遠在我的記憶裡。我永遠記得她的痛苦、他的慈悲，和我眼裡的一幕。直到現在，我仍希望自己能不辜負赫伯這個榜樣，即使有時必須面對患者排山倒海的悲痛，我們也要能表現出同情心甚至是關心。

腦膜和頭骨（Meninges and Skull）

大腦有硬腦膜（dura mater）的包圍和保護，在拉丁語裡，dura mater的意思是「堅強的母親」，指的就是覆蓋大腦表面的厚膜，厚到必須得用手術刀或剪刀一口氣劃開，才能一探大腦。外傷性腦出血的重點，在於出血位置與硬腦膜間的關係。比如硬腦膜上出血，指的是硬腦膜外和頭骨間的出血，這通常是硬腦膜外側的動脈破裂引起；又或者，血液也可以是來自硬腦膜下方，這就與大腦本身的靜脈出血較相關。一般情況下，硬腦膜下血腫對大腦的傷害往往更重，復健之路也長得多。

硬腦膜正下方是蜘蛛網膜。這層就是前面提過的覆蓋大腦那精細的、塑膠般的薄膜。蜘蛛網膜下腔裡有腦脊液流動著，內層有精細的顆粒狀突起，腦脊液可以透過這裡的循環迴流出大腦。最後一層覆蓋大腦表面的是軟腦膜，這是大腦表面閃閃發光的原因，它包裹著每一個縫隙，與大腦表面緊密相連。軟腦膜的作用為何還不明確，但它是我們前面那個故事開始時提到的那層薄薄的固狀物，在大腦的外層。讓我們繼續說下去，直到大腦解剖課結束。

保護著整個腦袋的是頭骨，頭骨的迷人之處是，它其實是由好幾塊骨頭組成，出生後會隨著大腦一起發育長大。然後隨著生長速度趨緩，骨骼就會像板塊構造一樣聚集在一起，慢慢密封起來形成顱狀。四歲以下的孩子頭骨較薄、只有一層，容易彎曲而且沒那麼堅硬。過了四歲以後骨頭開始變厚到長成三層，表層是較為緻密的骨頭，內層則是較為疏鬆的骨質，有血液在骨頭內循環。開腦前必須先在頭骨上鑽孔，接著用手持電鋸將每個點連線鋸開，就是很簡單的方形連線。大部分開腦手術最後都要把骨頭蓋回去，所以我們會用指甲大小的金屬或塑膠板將掀開的頭骨固定回頭顱上。骨頭會慢慢的重新長回來，雖然沒辦法像原先那樣堅固，但也足夠堅固了。

脊髓（Spinal Cord）

腦幹越靠近顱底時會越窄，成為倒金字塔形的構造，穿過顱底的枕骨大孔，向下延伸而出成為脊髓。脊髓仍屬於中樞神經系統的一部分，含有數百萬個神經元細胞體連著軸突，延伸到頭部以下的所有部位。

脊髓和大腦一樣，都有硬腦膜覆蓋。檢查脊髓的橫截面，不論是哪一節，都能看到運動神經由脊髓延伸連結身體肌肉神經指揮動作，也有反向的將疼痛、溫度或位置感傳回大腦的感覺神經。當發生意外導致四肢癱瘓時，可能會有手臂、軀幹和腿部無力甚至癱瘓的情形，嚴重程度視脊椎受傷位置及受損程度而定。對於上肢功能正常，但腿部或骨盆功能受損或失去功能的患者，受傷部位可能在胸椎或腰椎，此類患者稱為半身不遂。究竟是全癱或是半癱，兩者在生活品質和照護需求上有著天壤之別。

保護脊椎神經的骨質構造稱為脊柱，是由韌帶和肌肉一節一節連接在一起的關節骨。這些關節會隨著時間慢慢磨損而產生關節炎，容易出現椎間盤突出，或是可能因為鈣質流失導致骨質疏鬆症和骨折，上述情況都可能產生四肢疼痛或脊神經壓迫。當意外導致全身癱瘓或半癱，脊柱很難沒有明顯損傷。無論是兒科或是成人，進行脊柱手術主要目的除了移除椎間盤突出、脊髓或脊柱腫瘤等壓迫性病變外，還要了解如何以促進脊髓癒合及確保骨柱穩定性的方式，有效的將脊柱重新組裝在一起。

脊髓損傷截至目前仍無法治癒，雖然事發後立即治療與積極復健很重要，但最初受傷的嚴重程度仍然是影響預後的主因。有時就因為足球搶球出錯、雪橇意外滑進車底，或是從鞦韆上摔下來頭著地，結果醫生們不得不告知父母，孩子會永遠坐輪椅，或者更糟的是因為高位頸椎損傷要永遠插著呼吸器。這是小兒神經外科的一部分，但我和我的每一位同事都希望它能被解決、被治癒、永遠消失。有時候關於脊柱的特殊緊急情況，是有機會儘早介入處理的，而且結果可能因此不同。

就像在大腦一樣，脊髓與周圍組織也可能有腫瘤和血管畸形。得到助人重新站起來的機會是什麼感覺？什麼時候會遇到不馬上出手就沒救的情況？說的具體點，那是指傳呼機發出急診室訊息的嗶嗶聲、低頭看叩機上的訊息，飯沒吃完就起身開車回醫院的情形。

最近一次發生這類事情，是到朋友家吃晚飯時，那時我們有一整年沒見了。

「晚安，威倫斯博士。」當時我開著車，從我的汽車揚聲器中傳出神經外科一位資深住院醫師的聲音，那晚是她和我一起輪班待命。我們一起共事的時間不算短，她做事可靠難得出錯，我蠻喜歡和她一起輪班的。

「有一個三歲的女孩，她的腿有漸進性無力的情形，症狀已經有兩天了，」她說。「我在她的病房外面，剛幫她做了檢查，她的雙腿是真的不太能動。要她試著負重步行時她不停哭鬧，爸媽都很擔心。」

她繼續說著：「核磁共振顯示沿著胸椎第五節硬膜外有一個大血塊。脊髓明顯受到壓迫，但掃描檢查找不出造成血塊的原因。」

血液積在硬脊膜、脊軟膜和椎骨棘突之間，明顯壓迫到下面的脊髓。在剛做完的急診核磁共振上，可以看到脊髓腫脹、血流不足，這就解釋了為什麼會有腿部麻痺的現象，一個三歲的孩子不太會無緣無故有這種情況，我認為這可能是腫瘤或是血管異常，手術時需要特別注意這個。

「妳覺得現在該怎麼做？」我那時離停車場大概也就兩分鐘路程，心思都在這個病例上，心裡盤算著這處理起來要多長時間，以及它是否會影響我第二天看診的精神。

「我想我們得讓脊髓減壓。」她肯定的說。

「什麼時候？」我開口問，但答案已了然於胸。

「今晚。」她迅速回答道。

「正確！」我也回答。

她繼續說：「這可能是罕見的脊柱血管畸形，但我們真的沒時間做血管造影了。越快處理脊髓壓力的問題，她未來能重新走路的機會就越大。」

「沒錯。不管是什麼東西，腫瘤、血管畸形、自發性凝塊，都得趕快取出來，」我說。「讓手術室先準備，我在路上了。」

「我已經先交代了，」她一邊說著，這時我才注意到她有點上氣不接下氣的。「我能聽到你開車的聲音，所以我邊說話邊爬樓梯上去通知手術室團隊，他們現在正在準備。麻醉醫師已收到通知，正要去接病患，孩子的父母會在候診室等你。」

正如我前面說的，她真的很難有錯。

不久後我與孩子的父母溝通，我們都站在手術室門口。他們的孩子是當晚唯一的緊急手術，所以事情處理起來很快，這對她未來能否康復、重新走路非常有利。

我得跟他們解釋手術的重要性。但正如一般人習慣做的那樣，那對父母開始話說從頭，講兩天前他們帶孩子看醫生的過程，那時如何因為找不出真正的病因，他們最後也只好回家等待，然後又把在外頭醫院急診室發生的事說了一遍……聽到這裡我不得不禮貌的打斷他們。

「孩子的爸媽，」我說，「我很願意聽這個過程，但我真的得走了。」

他們停了下來，默默的看著我。我要讓他們知道我不是個差勁的傢伙，但我不能卡在這裡，而且聽這些往事對小孩未來能不能走路沒有幫助。

小兒神經功能衰退很難發現，除非已經到了很明顯的程度。我見過有孩童近乎失明，而爸媽回想起來也只是有印象他們看電視越坐越近，直到快貼上電視後孩子的媽才發現有問題。嬰兒單邊手臂無力也是如此，因為另一隻有力的手會舉奶瓶、玩積木，所以不容易注意到。其中特別是腿部無力，早期真的很難發現。誰沒有見過一邊哭一邊蹣跚學步的孩子，腿不願意出力，還時不時的跌倒。一旦意識到事情嚴重，大多數父母就會怪自己沒有早點發現，萬分自責。有的父母會因為兒科或家庭醫生「沒能早點診斷出來」而生氣。我會習慣去緩和那些負面情緒，沒有人希望厄運降臨。要是一有頭痛都先假設是得腦瘤的話，那日子會過的很痛苦，相信我。我曾經跑到女兒學校的醫務室，去接我那頭痛、嘔吐、嗜睡的孩子，親自帶著她直奔核磁共振檢查室，心中篤定這是腦瘤，直到檢查結果確認不是。

必須水落石出，那才算真的清楚。

「對不起，」我對著正在流淚的父親說，「現在不是長篇大論的時候。如果想讓她的腿再次動起來，我需要你在同意書上簽字，還有我現在真的得先告退了。我們會盡最大的努力，我保證。」

他們在表格上簽了名以後站在手術室入口，默默目送我們進去，直到我們轉過拐角進入手術房。

在手術室裡，我們在胸椎椎板正下方發現了一個密實的血塊，那造成的壓力很大。剝離脊骨後，硬腦膜馬上就將血塊推離下方的脊髓，回到正常的解剖位置。我們看到血塊前後都有大動脈經過，那些我們稱為「管子」的結構，外觀也像管子。「我的老天爺，看看那些管子……小心」，我們在取出血塊前先做凝血，免得出血弄的一團亂，也處理了一下血管。一個三歲孩子因脊柱壓迫無法行走，最常見的是原因就是腫瘤，不過這裡沒有看到明顯的腫瘤。

「嗯，這是件好事。」我小聲說道。

凌晨兩點左右我走出醫院，邊走邊與家屬簡短交談，並向他們保證：「可能需要觀察幾天才能知道結果，這段期間我們會盡力。」在這樣的緊急手術之後，尤其是已到深夜，這些話差不多算是神經外科醫生的制式回答了。

我回到家補眠到凌晨五點，再次被住院醫師的簡訊叫醒，說小女孩已經能動腳趾了，訊息後還加上一個小小的握拳表情符號。我送回了一個，然後翻過身再睡一會。

隔天在我第一個約診病人到院之前，我到病房去看她，那時她已經能把腿抬離床面了。她的爸媽哭了，護士也哭了，我和住院醫師的眼眶也都濕了，執業了二十年的我和剛開始職業生涯的她，都為了那一夜的手術疲憊不堪，但心裡卻深深感動著。比起幾小時前那樣的癱瘓狀態，現在能看著孩子胖胖的腿踢著床單、短短的腳趾頭扭動著，無疑是最純粹的快樂。

周邊神經系統（The Periperal Nervous System）

頸椎有數條神經根，穿過稱為椎間孔的脊柱骨間側孔，延伸而出形成臂神經叢。接下來那短短的幾公分裡，一條條穿出椎間孔的神經叢相互交織，看似雜亂實則有序，再向末端延伸直到化繁為簡，形成支配手臂肌肉的五個主要神經。這五個臂神經叢對手臂運動功能的影響不亞於中樞神經系統。類似的神經組成模式也發生在腰椎部位，腰間神經叢從腰椎穿出延伸至腿部和骨盆，這部分的神經對運動、膀胱和腸道控制以及性功能舉足輕重。臂神經叢、腰間神經叢或相關的神經如果嚴重損傷，可能會阻斷整個神經傳導路徑，此等屬性與其他神經並無二致，然而周邊神經系統的預後通常比脊髓要好一些，這點後面我們會再談到。

再回到你準備好要進行開腦手術的手術室。打開硬腦膜後，調整顯微鏡，看見了裡面的大腦，腦迴和腦溝沿著表面捲曲著，紅色動脈和簡潔的藍色靜脈成對，血液在裡面流淌。掀開硬腦

膜時，清澈的腦脊髓液會溢出，讓人能感受到它的奇妙，敬畏於它的美麗。

還有中線那附近，可以看到大腦略微隆起，腦迴看起來不算鼓漲，這個區域的血管彼此間隔稍大。你小心地打開表面，也許會用無菌超音波探頭確認。就在那裡！在螢幕上，一個毛茸茸的白色球體：腫瘤，就在下方幾公分深處。當看到它時心中警惕著，別把時間耗在那裡，得果斷行動消滅入侵者然後撤退，盡可能減少對患者的影響。

「左手雙極電刀、右手吸引器」，每次走到關鍵時刻，心裡都會這樣默念。接下來的動作一做下去，就沒有回頭路了。

手術醫師的目光能一直專注在手術台上，因為負責刷手的技術員會將器械直接交到醫師手上。隨著吸引器輕柔的動作，穿過表面灰質深入白質，但過了一分鐘，還沒看到預期的腫瘤，心裡不禁納悶著，*這玩意到底有多深？*當人的交感神經系統啟動時，心跳就會加速，接著額頭上也開始冒出細小汗珠。*確定離運動皮層還很遠對吧？嗯……用核磁共振檢查三遍了。*接著小心翼翼的再往前推進五公釐。

然後，突然間，隨著最輕柔的滑動，撥開大腦中閃閃發光的乳白色部位，就在那裡，腫瘤就在那黑暗的邊緣，在器械尖端下方。透過顯微鏡，可以看到鮮明的明暗對比。

停頓片刻，只是短暫調整呼吸，就那麼一瞬間，腦海中再次提醒自己的角色和任務。然後，如同往常，開始動手。

四：九十分鐘車程

在我行醫的第一年，某個風大雨大的星期六，我回到辦公室把腳跨在桌上，喝了口微溫的咖啡，忙碌了一個早晨後，靠在椅子上放鬆一下。休息沒幾秒就感覺到夾在腰帶上的叩機在振動。我把杯子放桌上，回撥了電話。另一家醫院的急診室醫生接了電話，馬上表明身分。

「醫生，」一個簡短有力的聲音說著，「大約兩個小時前有個九歲的女孩，兩輛車相撞時她是後排乘客。她剛被送到，掃描顯示她大腦右側有一個三公分的硬腦膜下血腫。我們醫院資源不足以收治，你們可以收嗎？」

「沒問題。」我立即回答對方。「她的狀況如何？」

「右邊瞳孔放大、左邊身體無法移動。」

通常腦壓升高的那一側，瞳孔會隨著壓力上升而放大，這病例是右側大腦被血塊壓迫。負責瞳孔功能的神經失調，導致瞳孔放大。半邊身體不動表示大腦處理運動的部分受損，兩者都是腦壓過高的跡象。講白了，這女孩傷的不輕，而且傷勢惡化的很迅速，生命一分一秒在倒數。

「為什麼不用直升機送過來？」我問的有點生氣。我的醫院在阿拉巴馬州的伯明罕（Birmingham）；而他們在一百英里外的奧本（Auburn），醫療直升機只要短短半小時左右就能把人送到，能在還來得及的時候救她。

「奧本和伯明罕之間的天氣太差了沒辦法飛，她離你有至少九十分鐘的路程，」他說著，也清楚知道這表示什麼。女孩出事後已經過了兩個小時，加上要在救護車裡待一個半小時，對於一個腦壓過高的人來說，風險非常高。

「現在該怎麼辦？」他問我。

即使到了現在，每當遇到困難，我的思緒還是會回到小時候，回想父親帶著我升空飛翔時，坐在旁邊感受到他的那股鎮定。在空軍國民警衛隊服役超過四十年，他駕駛過各種飛機，應付過各種狀況和天氣。早年他曾教我飛行，每次起飛和著陸前都要查看飛行檢查表，升空後他就在空中教我練習應付緊急情況。起飛後我會負責保持飛機水平，或是注意導航系統，父親則會調整螺旋槳和側翼。在他的掌握下，當我們在空中遇到速度和高度下降時，他會放手讓我「解決問題」，直到我學會處理情況。飛行和解決問題對他來說是一體的，就如同呼吸一樣順理成章。

隨著短暫思考記憶逐漸淡去，我無意識的盯著辦公桌上那張父親的老照片。他站在F-4幽靈式戰機旁邊，腋下夾著頭盔，穿著他橄欖色的國民警衛隊飛行服，開朗的笑著。

「黑鷹直升機隊（Black Hawk helicopters）還在你附近的那個基地駐紮嗎？」我問那邊的急診室的醫生。

「是的，但是……」他的聲音變小了。然後又補了一句：「是啊！那些傢伙怎麼樣都敢飛。」

「你有黑鷹直升機、我會通知我們的手術室準備。」

我從辦公室向外俯瞰著醫院前面的街道。半小時後，我低頭看到杯子裡的咖啡表面漣漪蕩漾，就像《侏羅紀公園》（*Jurassic Park*）的場景，能在水坑看出霸王龍接近的腳步。不消幾秒，四周開始有節奏地震動，然後隨著空氣拍打著我的窗戶，發出強烈的砰砰聲。外頭是傾盆大雨，垃圾桶被吹得在街上翻滾，皮卡車也被迫停在路上。我抬頭看到一架陸軍黑鷹直升機，體積比標準醫療直升機更大，穩穩盤旋在兒童醫院的直升機停機坪上空，雨霧四散，辦公室到處砰砰作響，蓋過了我的心跳。

女孩到院後事情迅速發展，兒科創傷處理區裡護士正在準備，兩名帶她飛越風暴的士兵也在，身上還穿著濕淋淋的飛行裝。當我來到病床邊時護士向我示意，兩名士兵裡比較年輕的那位，不知為何馬上立正向我行注目禮。

父親穿著飛行服的畫面在我腦海中閃過。

「稍息，士兵，」我說，「是我該向你致敬。」

當我們準備好，推著孩子走向通往手術室的電梯時，我轉身看向他們，他們站在現場那片混亂裡，滿是撕開的包裝袋和散落的藍色手術袍。他們看著我們推病患進電梯，我和離我比較近的那位士兵對上了眼，門關上前他點了點頭示意。電梯關上，他們和那片混亂也隨之落幕。

手術團隊已經為女孩做好準備，無菌器械擺放在後桌上，他們迅速剪下她的頭髮後鋪上藍色洞巾，並用消毒液閃電般清潔她的頭部。在像這樣與上帝拔河的手術裡，每過去一分鐘，醫師的勝算就少一分，必須不惜一切代價加快速度。**手術刀拿來，該死的，晚點再管止血的事。**牽引器、鑽頭，打開硬腦膜後，能看到裡面的薄膜包覆著大腦，因為腦內血腫一整個鼓漲、緊繃著。一刀剪下去時，血腫裡所含的液體立刻噴濺而出。一打開腦子事情就好辦了，用不了多久，大部分血塊就都被擠出來了，我們清理了剩下的東西。接著我找到了那條在車禍中受損的大腦靜脈，將它電燒止血，然後一步步處理，輕輕修復受損的部位。

術後她的情況馬上穩定起來，醒過來時甚至能睜開眼睛，但她的康復還是需要時間，這次意外並非沒有後遺症。她左邊身體明顯無力，說話也有點不清楚，但至少人還活著。每次追蹤檢查都會多進步一些，歲月流轉，我也開始會收到她家人傳來的最新消息。她參加了當地的選美比賽還贏得后冠、被選為學校模範生、幫扮成吉祥物的同學歡呼，然後在某個值得紀念的五月，高中畢業。四年後當她完成大學學業，還會再攻讀研究所，未來打算當社工。這時光流轉的每一幕原本寫在診療紀錄裡，隨著她的康復轉而出現在節日賀卡中，最後到了偶爾會出現的信裡。

在她意外發生十五年後，我收到了一封這樣的信。已經不再是兒童手繪卡片或是她父母驕傲的分享剪報，取而代之的是一張優雅的邀請卡，是她親手寫的，邀請我參加她的婚禮。她的婚禮耶！我彷彿還能看到術後在兒科加護病床上的她，一個九歲的孩子，頭上纏著白紗布，臉部也因為車禍意外受傷。護士有條不紊的幫她接上生理監視器，一條一條管子的接，我則要求她出力握緊我的手好評估康復情況。幾年後的現在，她的感激之情躍然紙上，她感謝那架直升機上的士兵、兩邊的醫療團隊，還有我，因為我們她才能擁有今日。走入婚姻生活後，她仍會永遠把我們放在心上，也希望有一天能讓家庭開枝散葉。

物換星移，當我坐在不同城市的不同辦公室裡，讀到這張卡片、回想這些事件，我意識到自己其實很感謝有她，有這些年來不斷更新的生活故事；每張卡片、每個障礙、一座座里程碑，也很感謝那次經歷讓我成長。這段經歷幫助我在後來的那幾年裡，了解應該怎麼處理這類病危的孩子，知道自己哪些地方該堅持、底線該劃在哪，以及對於其他人要有怎樣的要求。

我父親在空中的教導、那位振作起來的急診室醫生、那兩位勇敢的士兵全身濕透的那一幕，這些人、這些事合在一起，只為了讓這個孩子能夠長大，擁有人生、活著幸福、找到真愛。每個人都需要如此真真切切的鼓舞，好讓自己繼續向前邁進。冥冥之中，或許就是有個尚未開始的美好人生、一個需要幫忙的人，需要大家為她打那通很為難的電話，需要人為她飛越暴風雨。

五：標準作業流程

我當神經外科住院醫師期間，也曾經有過自我懷疑的時候，但漸漸的，我的想法也因為遇到一些事情，開始有些不同。在過去受訓時那些一言難盡的歲月裡，我們被訓練得堅強，為了自我保護，我們盡量剪除與患者的關係，久而久之甚至是同僚間的關係。這段訓練路上當然也拯救過許多生命，但如果人沒有因此變得堅強，那我真不確定有人能完成六年、甚至七年的神經外科住院醫師訓練。如果要我回想住院醫師時期曾發生的事，最先浮現腦海的倒不是連續為四名腦瘤患者動手術，每個術後狀況都有進步，也不是幫六十歲的退伍軍人做脊椎手術，解決他長年的背痛問題後看著他感激的神情，甚至也不是我開的第一個腦動脈瘤手術，尤其這個手術還幾乎是神經外科住院醫師的成年禮。其實最讓我記憶猶新的，是我第一次體會到肩上的重責大任時，當那巨大的責任壓過我層層的保護殼時。開始住院醫師訓練後沒多久，我就發現當我做什麼、不做什麼，甚至只是短暫的猶豫，都可能挽救一條生命，或是失去一條生命，這就是我感受到的責任。

我永遠記得自己親手把一位女病患的床，從加護病房拉出來的那天，那時她的瞳孔持續擴大，腦幹只剩下最有限的功能。但就在事情發生三十分鐘前，她在病房裡還能說話，那時她苦於連日來回發作的頭暈狀況，正在試著提振精神，沒想到轉眼她的生命徵象就掉到了地獄。由於神經重症加護病房（急性中風患者該去的地方）沒有床位，她在掃描後就被送往內科重症加護病房。我那時是神經外科住院醫師第三年，全天待命，因此她做頭部斷層掃描時我收到了會診通知，立刻過去看她。快速檢查過後我打給主治醫師，彙報了她的狀況。主要診斷：小腦中風、繼發性腦疝，生命危急，唯一活命的機會是開腦減壓。原本該是保護屏障的頭骨，現在變成了壓力，大腦越膨脹壓力就越緊，而那時她的大腦已經到達壓力極限了。

「現在就動手術，」主治醫師就事論事的說，「你帶她過來。」

我跑回她的病房，告訴在場醫療團隊主治醫師的指示。

「好吧，得先叫呼吸治療師過來。」其中一位說。

「病人甚至都還不算住進加護病房。」另一位說。

「我們得離開了，」我一邊說著一邊開始推床，順便拉著她的點滴架，「誰來一下，幫忙一起運送患者。」

「給我停下來！你以為你是誰？」有人喊著。

「她會死的。」我回喊道。

「住手，我們有標準作業流程。」

我一直想把她拉開，呼吸治療師正在忙，沒辦法過來，但護士不讓我帶她過去。護理長出面，還威脅說要打給我上層的主治醫師，我只好懇求她。

就這樣僵持了二十分鐘，我們來來回回的拉鋸著。我每拉動床一步，護士就喊我停下來，我大喊大叫要呼吸治療師快過來。

然後主治醫師出現在門口，他走過去檢查她，那時她的腦幹反射已經消失，人已經腦死了。

他死死的盯著我，眼神裡透著怒氣。

「我叫你帶她去手術室，」他說。

「我試過了。」我邊說邊低頭看著地板。

「她死了，」他說，「她唯一的機會就是你，但是現在她死了。」

說著，他眼神掃過房裡的每個人，看得大家都愣住了，他逐一盯向每一個人的眼睛，然後停頓了一下。最後，就如同他進來時的神迅，他快步走了出去。接著大家各自悄悄走出了病房。

她的一側小腦突然中風加上腦疝，基本上就是顱底大腦腫脹過度，將底部的組織推出頭骨外。這種壓力持續時間太長就會導致腦死，如果能及時開顱移除病變的部分，本可以救她一命。

自她去世以來已經過了很多年，但打從這件事以後，我就再也沒有和我當住院醫師時那單位的人再有任何互動，事實上，我是能免則免。但我還是會想，那群人裡面是否還有人會想起那一天？我自己是會時常想起。神經外科醫師或許會說，她本來就幾乎沒有活命的機會，她的情況已經太嚴重，有沒有手術沒差。但是扯這些話來合理化病人的死亡，在我看來只是在便宜行事，即使到現在已經行醫二十五年了，我仍然這麼認為。或許也正是因為那次事件是發生在我執業初期，更讓我堅持這樣的想法。如果自己家人只有一五％的活命機會，我會收治嗎？一〇％？五％？如果是五％，那已經只有二十分之一。我以前收過很多機會不大的病患，我們小兒神經外科什麼樣的人都接過。我有看過原本希望不大的兒童、年輕人，最後還是成功救回，恢復到有生活目標，能夠愛人與被愛。

那時帶我的主治醫師知道，把責任歸咎在我身上，把他的矛頭指向我，等於間接讓在場的人都知道他們也難辭其咎，那麼下次當這個鮮有神經外科急症的加護病房，出現了這樣的患者時，大家才會懂得分秒必爭。在那之後過了許久，當我也開始訓練住院醫師之後，才慢慢有點領悟那天的事，到現在我已經能完全明白了。對我的影響？後來當我遇到系統運作得不夠快時，我會自覺的抓緊時間。我曾經扯掉生理監視器，親自從急診室抱起病童，跳過種種流程和繁文縟節衝進手術室，只為了搶救出問題的腦室分流器，但我也不覺得這特別值得驕傲。我還曾幫一名住院醫師說話，他為了讓一個中風的中年婦女做血管造影以便治療，也同樣做了搶時間的事，那位患者隔日完好無缺的出院了，我真為那位住院醫師感到驕傲。

也因為過去的這個女病患、這個經歷，我又跌回了那個未解的心結，一個我無法改變的結果，只能在我的腦海中重演。我記得當她的家人排隊告別時，我站在大廳，當他們走過時，我面對著家屬們，有些人會盯著我，即使沒有出言責備，但我相信他們知道是我辜負了她。我記得她年幼的女兒進房去看她時的哭嚎，再見面已是天人永隔。到現在我仍然可以聽到那哭聲，仍然能感覺到那一刻，天地都在我的胸膛裡翻騰湧動的感覺，我多麼想當場消失再也不回來。

見過死者家屬一小時後，我隨著同一位主治醫師進了開刀房，我們要為一名三十五歲的患者手術，他的右側顳葉有一個很大的血管畸形。在顯微鏡下，我們的手和諧的動作著，小心翼翼的將打結的血管與周圍正常大腦組織分開。緊接著突然間，一道鮮紅的血光一閃而過，有條動脈破了，血不停湧出，大腦開始腫脹。我們把手術吸引器放進顱內翻找著，幾秒鐘後找到了來源，在那條血管上夾了個夾子，把血止住了。

「幹得好，」他說。

六：頭部中彈

在我行醫第十五年的春日，有天來了個三歲的傷者。我低頭檢視傷者，麻醉退去後他開始伸著右手想抓東西，但同時左手臂卻一直垂著，一動也不動。他頭部右側有一大團紗布用頭巾固定著，上面還沾著血，那是救護車上的醫務人員在匆忙中綁上的，但在紗布之下，一塊拳頭大小的皮膚和頭骨都不見了。他的右瞳孔比左瞳孔大，這表示腦部受傷膨脹推擠使腦壓過大，但右瞳孔對光又還有反應，這個則是因為本來空間固定的顱骨被子彈穿洞打開，反而又減輕了一些腦壓。

緊急裝上呼吸管、打上靜脈點滴以後，病人開始有了甦醒的跡象。到處都是凝固的血液從他頭上流淌而下，像融化的燭蠟一樣滴落地板。醫護人員拿著輸血袋、生理食鹽水和穩定血壓的藥物來來往往，周圍來去的人越多，血腥腳印的範圍就越踩越大。

護理長站在病房外的辦公桌旁說：「神經外科醫師，手術室在叫你們，現在過去嗎？」

「我們現在就去，」我回答道，「有人知道孩子的父母在哪裡嗎？」

我們很快就準備好動手術。這片混亂從頭到尾都緊跟著我們。

「我們正在大量輸血，」資深麻醉師湯姆說著，「可以的話，脖子以下每一塊能用的部位我們都要。」要是輸血後身體發生血液排斥現象，可能會導致一連串致命的反應，沒有時間等血液交叉比對時，就會用O型陰性血，那是最通用、最不會引發排斥反應的血型，備用緊急輸血袋在急診室附近的冰箱。

「我會備妥。我們手術就只動頭部，」我對手術小組說，「把點滴架一起拉過來。」

在危急的情況下，麻醉師會用盡一切方法，不管是繼續點滴還是調整流量，**只要能維持這孩子的性命**。在這麼急迫的情況下很難井然有序，也無法有條有理的讓設備歸位，右邊外科電燒器、兩邊都有抽吸器、左側放了鑽頭還連著控制速度的踏板，而我的右腳正踏在板上。基本上就是盡速處理傷口準備手術，用毛巾擦、手術洞巾只蓋著頭頂，不管臉和身體的其他部位。一陣手忙腳亂，電燒器、抽吸器、鑽頭的管路和電線很快就糾結成一團。

湯姆說：「他的血壓正在往下掉，」他是位經驗豐富、冷靜沉著的麻醉師，見過各種各樣的病人和外科醫師。有他在手術室時，我只要顧好腦部手術，他們那頭的狀況完全不用操心。「來不及了，」他說，「你最好現在就止血。」要是湯姆這麼說，就表示情況已經很糟了，快出人命那種糟。

我低頭看著手術台上的那片狼藉。大腦表面有數百個小血管破了，血正往外冒。硬腦膜通常是堅硬的大腦保護層，現在不只破開了，開口還一直延伸到顱骨邊緣，差不多快裂到矢狀竇中間。矢狀竇是一個三角形的槽，幾乎能排出大腦裡所有的血液，當它損傷時必須迅速處理，尤其是孩童，年齡越小動作得越快，否則孩子就會死於失血。幸運的是，難得最後有這點小確幸，那孩子的鼻竇確定沒問題，幸好手術時我不用擔心這塊。雖然血從骨頭的邊緣一點點滲出，但我們可以**打上骨蠟止血**。骨蠟顧名思義，是經過消毒的蠟，可以壓入受損的不平整骨頭邊緣，防止血液從含有微血管的鬆質骨滲出，用以控制骨頭損傷出血。然而擺在眼前的事實是，失血最快的地方其實是破損的頭皮，頭皮裡有個複雜的血管迷宮，用來維持它的營養和健康，這也是砍頭時會造成大量流血原因。切口平整或切口較小引起的頭皮出血，通常能夠加壓止血，但這孩子的情況不是如此，他頭皮破開的地方，下層有好幾條頭皮動脈斷口正在跳動，血流汩汩的湧出。

大約花了兩秒鐘了解整個狀況。

然後就得馬上處理。

我對一位第三年住院醫師說：「我們先從皮膚開始，然後慢慢推進，」同時我把手術海綿直接放在損傷裸露的大腦表面，這是應付大量出血的策略。世界各地的外科醫師和戰爭下的醫務人員在處理各種緊急狀況時，不論身體的哪個部位，就算神聖如大腦，必要時也都是如此，這種作法行之有年。

「跟著我的腳步，」我對那位住院醫師說，「並預想下一步。」

在教學醫院，一個教學研究與醫療同樣倍受重視的地方，住院醫師的角色舉足輕重。為換取學習神經外科手術技巧的機會，住院醫師會願意去做接電話、處理病歷電子化與一些繁瑣無聊的行政工作，幫助維持體系的運轉。每個病患都有一名住院醫師「照看」，意思是那名住院醫師被指派協助處理那位病人。根據住院醫師本身的經驗值、病例難易程度和當下病人數量等，他們能參與的程度也不一。私人醫院有訓練有素的急救人員，必要時也會有同僚出手相助，而在教學醫院，這些事就是住院醫師做。說實話，神經外科專業之外我一無所知，也完全無法想像沒有實習醫生在身邊的日子。在我的世界裡，行醫和教學是齊頭並進的，我知道有比我更好的老師，而且住院醫師通常也更喜歡不落俗套的教學風格，但我最引以為傲的事情之一，是我至少也栽培了一些神經外科醫師，有兒科的也有成人的，這個過程裡，我不但受到了當年帶我的主治醫師的薰陶，也多少受到後來我所帶的住院醫師的影響。

要迅速地替一條條受損的血管電燒止血，並在頭皮邊緣夾上專用夾子避免傷口再度出血，同時還要挑掉四散在腦中的細小頭骨碎片。住院醫師放了兩個牽引器，將頭皮邊緣向後固定露出要做手術的區域。「好女孩！」這住院醫師要是男的，那這句就該是「好男孩」了。我一邊在心裡喝采，一邊得小心別真說出口，現今環境帶人得格外小心謹慎，要避免讓大家心裡不舒服。

最近女性外科醫師人數大幅增加，雖然還是沒有其他外科那麼多，但在北美，女性神經外科醫師人數也有增長，過去幾年已經達到了一五%。有一次我在范德比訓練神經外科醫師期間，當時院內十九位神經外科住院醫師中，就有六位是女性。我有此良機能指導她們，她們也正在尋找進入外科的契機。女性一直是神經外科領域裡頗受歡迎的生力軍，但她們要進入這行可少不了要奮鬥，男性壟斷的時間已經太長了，訓練內容和文化變得太偏、太受男性左右。我並不是說女人不堅強，我認識很多女性都比我更加不屈不撓，同時我也受到我母親、兩位姊姊、妻子和女兒的影響，體會到女性的想法不見得比男性差，如果我沒有從和她們的相處體悟到這些，那就浪費了。

「好女孩！」我終於還是說出口了，管它的說就說吧。她需要大家鼓勵才能更勇敢的邁進。膽子大了，她拿起鑽頭。

「現在開始處理骨頭。」我們拿起鑽頭，從邊緣取出大塊碎裂的頭骨，小心鑽出橢圓形的洞，這樣未來做頭骨植體會比較容易，**如果他活下來的話**。在骨頭邊緣打上骨蠟後，情況開始穩定下來，大腦表面加壓可以減緩出血，至少能先撐一下。這時才有空檔注意手術台另一頭，湯姆和他的團隊從輸血袋中抽出血液直接注射，拚了命地試著增加病人體內的血液、提升他的血壓。

「收縮壓四十、舒張壓十，」他喊道，「你控制出血了嗎？」

「是的，」我馬上回答，「我們現在暫時做到一個段落，你那邊也繼續趕上，讓我知道什麼時候可以再往下做。」外科醫生和麻醉師之間持續溝通很重要，尤其是在這種瞬息萬變的情況下，錯了就沒有機會重來。身為外科醫生，如果我營造了一種氛圍，使得麻醉團隊無論是醫生還是麻醉護士，在事情惡化時都不願意出聲，那絕對是我的錯，不是他們的問題。溝通是非常關鍵的一環，知道患者何時可能會死在手術台上絕對是關鍵。在事情發生之前能先掌握是最理想的，如此一來就能夠做必要的處置，避免遺憾。

當我們用紗布舖在大腦暴露的表面輕柔地加壓時，我看到湯姆和團隊們在用緊急血袋和濃縮血液製劑努力穩定血壓，這些東西有助於消除血液被稀釋和凝血因子不足等大量輸血可能導致的問題。血壓開始回升，前幾分鐘還高到危急的心跳數，現在也開始緩下來。當失血量非常高時會產生失血性休克，低血壓和心跳飆高是生理現象，正是因為體內的血流量極低，所以心臟就代償性的增加跳動以彌補循環不足。這種類型的休克在一般外科或胸腔外科比較常見，像是中彈或交通意外傷及主要血管導致大量出血這類的情形。事實上，絕大多數頭部中彈的人要嘛當場死亡，不然就是到院後不久死亡。

湯姆說：「我們負責的這部分情況改善了，」他的話打斷了我對後續處理步驟的思考，「加油。」

住院醫師和我小心翼翼的按順時針方向一起操作，用電燒和顯微鈦金屬血管夾，一根根處理所有出血的腦血管。我們找到硬腦膜的邊緣，並在缺損的組織周圍縫了一個大補丁，避免手術後

腦脊液從傷口漏出引發感染造成腦膜炎

現在不是擔心開放性骨缺損的時候，他自己的頭骨一大塊都沒了，剩下的今天也沒辦法直接補，感染的風險太大了。我們可以改日再戰，幫他裝上無菌3D列印薄植體片，那是用斷層掃描資料為藍圖列印而成，能完美貼合缺口。頭骨補綴技術從使用無菌骨水泥（甲基丙烯酸甲酯）的時代開始，已經走了很長一段路，過去是將這個聚合物倒入頭骨缺損處，那股味道重得讓人窒息，然後得快速沖洗降溫（它真的很燙），減少因聚合凝固過程產生熱，因而傷害硬腦膜或大腦的可能性，多餘的硬化骨水泥會被鑽除，顆粒狀碎屑則蓋滿手術區域，這些努力就只是為了儘量做一個密合度還算可以的植體。現在的技術則能至少省去兩小時的手術時間，植體貼合度更好，手術區域也更乾淨。有了這項改革，我看我們吸入肺部的粉塵應該也能減少許多。

接著我們必須把重點放在縫合皮膚，沒時間閒聊了，因為有部分組織被子彈炸飛了，這可不是個簡單的任務。借鑒以前整形外科同行的經驗，我們將切口沿後腦多切開一吋半左右，經過耳後的部分略為彎曲，如此一來就能把側邊的皮膚向傷處推，彌補被破壞的和無法使用的皮膚。接著我們鬆開正常皮膚與頭骨連結，讓它能滑動到傷口處將傷口收攏，並用釣魚線粗細的縫線縫合。皮膚下放置了引流管，能除去多餘液體幫助傷口癒合。右邊額頭是子彈進入的地方，看起來是個洞，皮膚早就不見了，我們修剪了參差不齊的傷口邊緣，但最後還得為了固定傷口，縫上不美觀的粗縫線。在我們把他送進兒科加護病房之前，住院醫師迅速將顱內壓監測器（一根一公釐長的導線）插入頭部另一側的大腦中，這種細小的金屬絲可測量術後顱內壓，手術後若病情有起伏，可以做為治療參考。

「大家辛苦了。」我說這話時直視著刷手護士，我注意到她手腳很快，做的非常出色，而且以前不曾共事過，她笑了一下。

接著她說：「這裡比泌尿外科刺激。」

——

兩周後我們在病床上掛了一隻老虎娃娃，小男孩會伸出右手拍打，如果我們要把娃娃拿走，他就會沮喪地尖叫，左手則是靜靜地躺在他身旁。當我們故意讓老虎出現在床欄上，假裝在跟蹤他時他會被逗笑。他的鼻子裡有一根餵食管，但時間不長，我們在病房時，有看過他吃麥片，蜘蛛人小玩具躺在他旁邊的床上，固定放在他右側。

很快他就會在家人的陪伴下轉到兒童復健機構，接受復健專門治療，處理右腦槍傷導致的左半邊身體無力，大概三個月左右，他會回來做顱骨植體。後續他會有什麼樣的生活？未來會有怎樣的工作？現在他才三歲，除了這個讓他頭部留下鋸齒疤痕的故事外，其他的一切都是未知。

我走回他病房門口靠在門框上，看著治療師用玩具刺激他互動，並教他家人如何幫他按摩復健。原本在這種情況下許多孩子是救不回來的，但為什麼這個孩子能倖存下來？首先，並不是每個人都能在頭部中槍的情況下活著送進手術室，再者如果子彈穿過大腦中線、波及腦脊髓液相關腔室，甚至穿過腦幹影響心跳、呼吸和意識這些基本生存功能，任華佗再世也回天乏術。對這個孩子來說，子彈的路徑既造成他永久癱瘓，又好巧不巧的留他一命。實際上頭骨只有一側被炸開，而且還是右邊非優勢腦，並未波及語言功能，而且腦部開口也避免了腦壓過高的問題。受傷位置剛剛好，加上順利緊急送醫，讓一切發展不同。

講到這不免想起很久以前的一個病例，救護車趕去救的是一位三十歲年輕人，頭上緊緊的纏著紗布，同時間在醫院的我，呼叫器跳出了「急診室頭部中彈」的訊息。身為全日待命的神經外科住院醫師，人早就在急診室，被無休無止的諮詢圍繞著。那人送來時，一個止血鉗從纏著的紗布褶皺裡探出來，隨著病人心跳一下一下的震動，急診室裡根本沒人敢碰它。我剪開一層又一層帶血的紗布，直到看見止血鉗夾在左大腦動脈的幾個大分支上，裡面有條供應左腦血流的主要血管，在那天稍早，約傍晚時分被霰彈炸開，連同大腦組織和大部分頭骨一起炸毀了。大部份人慣用右手，左邊的大腦除了是優勢半球，同時還掌管語言和交流能力，沒了左腦一個人大致上就算是廢了，根本無法好好的與人溝通互動。

我們把擔架推往手術室電梯的那一路上，他右側身體沒有動作、眼睛閉著，口中發出的只是雜亂的聲音，看來他的語言中樞是永遠無法恢復了。還好一開始做緊急處理的人反應夠快，用上了止血鉗，再加上到院後手術處置，最後他活了下來，然而卻再也無法走路或說話了。那天在手術室裡，要開始做手術時，帶我的主治醫師對我說：「跟著我的腳步，然後預想下一步。好孩子！」我記得自己裝上牽引器、拿起鑽頭，止血，和帶我的主治醫師一起，一步步完成手術。

我站在那裡回想起那個青年時，我意識到這兩個病人在我心裡會永遠放在一起比較。兩人都是頭部中槍，都經歷了憾事，而且都會一輩子帶著殘缺。雖然兩人都是從鬼門關救回來的，結果卻是天差地遠。一個三十歲成了啞巴，一生都毀了，永遠無法再和社會互動；坐在床上玩耍的三歲小男孩境遇卻大不相同。兩人的腦部子彈路徑相差不算遠，結果卻是天差地遠。

在病房裡我看著他用臉部動作表達意識，看的有些入神。他會用眨眼的方式表達，讓治療師知道自己記下來的內容是否正確，我看到他的眼神穿過我們望向大廳，原來另一頭有位治療師伸出手來想隔空擊掌為他加油。

「ＫＪ，」他對我們說，然後將注意力又轉向治療師，並伸出沒有受損那側的手掌，與她隔空擊掌，「我叫ＫＪ。」

七：家庭猜謎遊戲

我出生前，一家人原本住在維吉尼亞州里奇蒙市（Richmond），那一年我兩個姊姊夏娃八歲、莎拉四歲，父親買了台新的彩色電視機慶祝聖誕節。那時的電視機體積很大像個大方塊，上面有個旋轉鈕可以收看十二個頻道。我猜那台應該很重，一個人應該搬不太動。爸爸好不容易說服同事幫忙，然後在某個下午姊姊們不在家的時候，努力把它搬進家裡，爸爸看了看，最後把它藏在書房角落的一張桌子底下。那桌布長度剛好蓋到地板，他覺得就這樣藏上三個禮拜應該沒問題，能藏到聖誕節來臨。

但這只是爸爸視角，不論是在書房走動、坐著看報，或與朋友聊天，都是以一個成年人的身高和角度來看的。他沒有考慮到兩個孩子的視角，小朋友們可是會跳來跳去，翻滾爬行到處玩。藏好電視的那天下午，莎拉就一路爬到了她最喜歡的藏身點，但這次剛要爬進去腦袋卻撞到了個東西。她掀開桌布意外的發現了電視機，興奮的跑進廚房告訴夏娃。媽媽在一旁偷聽到兩人的對話，立刻現身和姊姊們討價還價，答應說只要爸爸不知道她們已經發現這個驚喜，就讓姊姊們每天看一小時的電視。之後只要下午三點三十分夏娃放學回家後，女孩們就會趕在爸爸回家前掀開桌布看一小時的兒童節目。媽媽那時心情肯定反差很大，一邊內疚自己管小孩手段不夠高明，但又得意於成功和兩個小女兒談判解除危機。

某天晚上姊姊們上床睡覺後，爸爸覺得她們應該睡熟了，打算和媽媽一起享受一下新的彩色電視機。他小心翼翼的推開房間門偷瞄，確認姊姊們都睡著了，然後悄悄關上了門，還在底部的門縫塞上毛巾隔音，深怕吵醒孩子們。媽媽雖然也配合演出，但她可成了家裡的雙面間諜了，很快就變成了白天和女兒一起偷看電視、晚上和老公一起偷看電視的情況，日復一日、夜復一夜。也不曉得這事為何行得通，兩邊一直都沒發現彼此的祕密。

聖誕節前一周，爸爸偷偷告訴鄰居他買了一台彩色電視回家，還為了即將要給女兒們的大驚喜興奮不已。不過問題是，夏娃已經告訴了鄰居小朋友，小朋友們也告訴了他們的媽媽，接著鄰居爸爸們也都知道了。幾乎整個街坊都知道，媽媽和姊姊下午會看他那台小心翼翼藏在書房桌子底下的新電視。但他們就愛逗老爸在朋友面前重複的講這個故事，直到彩色電視這事成為當年聖誕節的代表性故事。等到聖誕節終於來臨時，大概沒有人比我母親更快樂了，她對這種雙面間諜的生活早就筋疲力盡了。孩子們和她提前演練了驚喜一刻，電視一拉開，孩子們手拉手雀躍不已、開心的擁抱爸爸媽媽，演得淋漓盡致。

父親到底何時才發現真相的，這點隨著他們的離世也慢慢的沒入歷史。也許揭開聖誕驚喜之後就發現了，也可能是姊姊、媽媽或是其他人透露，又或者是多年以後某天家裡聚餐時說起。我不確定老爸最後到底有沒有發現老媽的祕密，也許這些小謊言到底該不該真相大白，其實也不怎麼重要了。

我母親的妹妹蘿賓（Robin）阿姨，小時候曾到華盛頓吉格港（Gig Harbor）的表親家拜訪，到那遊玩的經驗很美好。華盛頓那邊的親戚算是我的叔公，在祖父一家長大各自建立家庭之前，曾在北加州住過好幾年。我的祖父在史丹佛大學時是頗有成就的運動員，後來在密西西比大學足球隊擔任助理教練，兩個叔公搬到華盛頓州定居、結婚，組建家庭。他們那邊出了一位善於交際的人：媽媽的堂弟傑．斯莫林（Jay Smalling）。他能輕鬆駕馭各種大小社交場合，完美的逗樂大家，所有撲克牌遊戲的規則他也都懂。傑永遠那麼和善可親，是我母親最疼愛的堂弟，他的個性帶點淘氣又很逗，讓身邊的人都相處愉快。我母親和我外婆的關係比較疏離、外公又忙，姨母還比母親年長了十多歲，因此她把年齡相近的傑視如親弟。多年後，我來到了這個家庭，一開始我是以我父親的名字「約翰」來命名的，父親那時還是名大三的學生，後來母親覺得家裡兩個男生都叫約翰，這樣叫起來有點麻煩，所以她說服父親幫我取了個綽號叫傑。我開始相信，母親從一開始就是這樣打算的，且從未預見未來這會對我的飛行常客獎勵計畫造成何等的破壞。

傑和他的妻子佩吉有兩個孩子，他們經常在普吉特海灣的家渡假，那裡有座船屋，裡頭有小艇、滑水艇、帆船、划艇，還有他們自己在後山蓋的匹克球場。多年前某個夏末，我爺爺奶奶帶著當時才七歲的蘿賓阿姨去拜訪叔公一家，當時我母親還在上大學所以沒跟去。有天傑他們家找蘿賓一起到碼頭釣魚，傑一如往常，偷偷溜到碼頭底下，用店裡買的現成的大鮭魚勾住了蘿賓的魚線，然後他快速的拉了魚線兩下，確認沒問題。接著那時才七歲的蘿賓阿姨興奮的叫了出來，跟大家說她有魚上勾了，釣上來以後她尖叫著說這根本是史無前例的大魚。其實那早就是條死魚了，釣上來時冰冰冷冷的，不過這不影響她雀躍的心情。彎曲的釣魚竿、一起共享興奮的家人，回憶裡大魚上勾的單純快樂。

將近五十年後，蘿賓在密西西比南部某個家人團聚的午餐裡，終於聽到了真相。真相大白那時我剛好坐在她正對面，桌旁的人隨口就講了起來，一副她早就知情似的，大家嘻嘻笑笑的說得很樂。我看著蘿賓阿姨臉色微微發白，安靜了下來臉也僵了，手還緊緊捏著膝蓋上的一小塊紙巾。但她一下子就回過神來，陪著笑說她其實本來沒發現，還讚嘆著傑果然厲害，接著大家繼續聊天說笑。

飽餐過後眾人把餐盤先拿去水槽泡著，那時我看著她走進後院的角落，穿過參天的核桃樹和冬日盛開的山茶花叢。她走進了休耕期的花園，凝視著那一片荒蕪，獨自逗留在傍晚的幕色裡，待了一段很長的時間，最後一次回想童年的記憶，愛，然後釋手。

多年後，完成醫學院最後一年的學業那年，我和太太住在密西西比州傑克森市。又過了兩年，我們都覺得應該訂婚，所以也就不再拖延互訂終生。我們邀我爸媽去外面吃午餐慶祝，然後舉杯宣布我們要結婚了，幸福歡樂洋溢著，大家一起為家庭、未來和彼此乾杯。接著我父親馬上高興的向在場的人分享這個喜悅，整個餐廳都加入一起舉杯祝賀。接著，也算是成年後最後一次，我像個孩子一樣轉頭看向老爸，邀請他當我婚禮的男儐相。（譯註：美國存在這樣的習俗，表示父子關係親密。）

那天爸爸聽完直接哭了，他平時很少落淚的，我都可以想像他坐在婚禮亭子裡的樣子了。他的麵包盤周圍散落著一些麵包屑，吃沙拉的叉子停在半空中，服務生那時也不在周圍。然後，就在我開口邀請的那一刻，可以看到他出乎意料的被情緒帶著走，表情也因為會意過來而有了明顯的變化。父親是個正面樂觀的人，他認為只要相信自己，就能真的掌握自己的命運。他事業有成，很早就靠雙手打入零售界，同時他在空軍國民警衛隊飛行員的工作也很成功；家庭方面，他對孩子的支持和愛從不曾動搖。但就像許多人的親子關係一樣，我總覺得自己還不夠了解父親，但就在我宣布結婚的那一刻，我感覺自己從漫長黑暗青春期裡邁出了重要的一步，進入了成年期，未來幾年會與他一起成長、向他學習，步入中年以後雖然父親已經年邁，但仍會陪著我、為我驕傲，兩人共同回顧這一路成功的過程，享受著充滿愛的家庭。

父親帶著驕傲和喜悅，感動落淚的答應了，我記得我們走出餐廳各自搭車回家前那段簡短的談話。那時爸爸把我拉到一邊，有意無意的提到他的右手有點無力，前些日子有天他要拿冰箱頂層架上的咖啡罐時，第一次發生手拿不穩的狀況，罐子掉到了地上，砰一聲的就裂開了。還沉浸在幸福的喜悅中的我，只是草草的說會好好研究，或許等星期一到校請教醫學院教授，當時的我，並沒有意識到那一刻的重要性。

經過幾個月來反覆就診、影像醫學、血液檢查，我仔細研讀醫學期刊文獻希望能找出別的可能。這種初期偶爾只在握東西才會出現的無力症狀，可能是肌萎縮性脊髓側索硬化症（amyotrophic lateral sclerosis, ALS），一種進行性且無法治癒的神經退化性疾病。夢想中那細水長流的日子不會有了，屆時他也只能捨棄原有的生活，飛行、開車、工作等等，未來的日子變的難以預料深不見底，最後生活只剩呼吸、家人，還有回憶。

死亡在這一切厄運降臨後十八個月到來。我父母很直接表達他們不要任何人知道，朋友、家人，甚至是我兩個姊姊都不要。一開始他可以巧妙的透過偽裝隱瞞生病的事實，說話時儘量少用手，或拿夾克遮住手，然而慢慢的，症狀越來越明顯，直到難以掩藏。大家都發現到父親寫字、吃飯動作越來越困難，但就像派對上的討厭鬼被人無視一樣，大家裝得若無其事，家庭遊戲繼續進行。姊姊們當然都很擔心，但她們關心的問題都被以「我們下周去看醫生」，或是「做點物理治療就可以解決這個問題」這類答案給搪塞了過去。這後來造成了我和姊姊們之間的心結，一道輕微的、幾乎看不到卻又真實存在的痕跡，在爸爸過世之後無處發洩、悲傷時卻會裂開，而那情緒需要時間治療和修復。我記得婚禮前後的日子，朋友和家人圍繞在身旁，大家都為即將到來的新生活感到高興，沒有人想談父親生病的事。我經常想起結婚時他站在教堂、在我的身邊，用幾乎動不了的手指在口袋裡掏來掏去的找戒指，一邊又驕傲地看著我的臉，他的表情像是在抱歉過去忙碌未能經常陪伴，但又可惜未來可能再也無法相伴。我們沒辦法像其他父子一樣相伴老去了，時間將永遠停在他離去的那一刻，留下需要他帶領的我，試著理解他的選擇和這一切，而後隨著我自己的觀念轉變，也慢慢想明白了，那時的我只是恨自己無法改變那淹沒我們的無情現實。直到失去他很久以後，還是會遇到渴求父親智慧的時刻，於是我在生活與工作挑戰中摸索著，希望有其他方式能取代，卻徒留失去父親的空虛和難過。

我的父親是勇氣和幸福的化身，在孩提時代的我看來是充滿活力又完美的，到了成年以後卻變成再也挽不回的遺憾。而對於我的一雙兒女，那一對在他過世十多年後才出生的孩子們，爺爺只是放假回南密西西比州的家時，餐桌上的故事。這些年來我帶孩子們回老家渡假，一個對我來說就像是異度空間的地方，那是姊姊們上大學離家後，我和父母三個人共同生活的地方。我在那裡度過了我的童年時光，也是在那裡和父親有了永生難忘，卻掙扎著無緣再續的生活。

在我心裡已經消除了他後來生病、斷斷續續喃喃囈語，以及他遂漸緩去的呼吸。取而代之的是那個和我一起站在那座教堂裡，在我新生活的開始時，把手伸進胸前口袋驕傲地把結婚戒指遞給我的那個父親。他抬起臉對著我，舉起有力的手抹去哀傷，擁抱過後，他拉起我的手和我妻子的手交疊然後退開，當我轉身時，最後看到的是他愉快的微笑著的身影，大步離去，絕塵於後世。

八：橡皮筋

「那是橡皮筋嗎？」我不可置信的問著自己，站在忙碌的診間裡，在中央電腦終端機前，兩眼盯著電腦螢幕上的3D還原圖像。在那裡毫無疑問的，有兩條微弱的輪廓，像是條微小的莫比烏斯環相互環繞著，竟然是橡皮筋，那不該出現在那裡的。

我也想不起來是什麼原因，對於自己能在手術室時盡量用平價醫材是有些得意的。不過我還是得澄清一下，神經外科手術一整個就是昂貴，單單是手術顯微鏡一項，就能要上醫院五十萬美元的經費，還有手術圖像導航（可比手術用的GPS），也得花上這個數字，而這兩項工具差不多是現今腦瘤切除術的標準配備。

但這些也是一次性的支出，由醫療院所自行承擔，好讓外科醫師能夠以更安全的方式處理更複雜的病例。聽說三、四十年前，小兒神經外科醫師用的是食指，稍微彎著手指插入腫瘤和正常小腦組織間，將腫瘤掏出來。那時沒有顯微鏡，也沒有精巧的器械，手術醫師靠的是自己的雙手。但很顯然今時不同往日，而且我們對神經手術的成效還有腫瘤清除的程度，已經有了與日俱進的要求。這些類型的「資產購置」比如顯微鏡、手術導航系統、超音波探針等，與日常的耗材支出費用性質不一樣。

幾乎每次手術都會用到托盤、消毒設備，還有拋棄式耗材例如手術袍、手套和縫合線組等等。在新冠肺炎之前，大多數在手術室工作的人，每天都要用掉好幾頂手術帽和外科口罩，口罩戴了幾分鐘，只要用過了可能就捲起來扔垃圾桶了，不會有半分遲疑。我想起了很久以前看過的動畫片，一群胖胖的肥貓捲起百元美鈔燒來點雪茄，這大概也是我記憶中一九八〇年代MTV電視台最常出現的氛圍，但今時早已不同往日。

所以說，神經外科要節儉，如果不講設備、托盤、口罩這類，那還可以談什麼？我的節儉方式其實也不算特別，將骨瓣固定回頭骨時，我都用一般手術線縫合，捨棄比較貴的可吸收醫材或金屬板，特別是用在頭骨較薄的嬰兒手術，那效果很好，骨頭密合恢復的也很好，與貴上二十倍的醫材相比，成本不到一美元。再舉另外一個例子，我不用昂貴的人工膠原硬腦膜貼片來收口，而是小心的從患者顱骨表面剝離周圍骨膜，然後用這些組織縫合到缺損處，用患者自體組織當貼片來做收口。研究數據顯示，某些情況下這樣做比用醫材來的好，但請別誤會，這些做法不是我發明的，是以前帶過我的外科醫生教我的。

我再舉個例子，切開頭皮後，我會將掀起的皮瓣先捲在海綿上，避免血液流不順壞死，外科醫師大概都會這麼做。但不同的是，我不用拋棄式的鉤子去固定皮瓣，而是改用一般的縫合線加上五公分長的消毒橡皮筋，簡簡單單。我已經用這個方法做過上百次開腦手術了，從來沒發生過問題。要是這麼做會有問題，不管發生在住院醫師期間，或是其他外科醫生的病例（當然，永遠不會是自己的病人，咳咳），不可能會沒人發現的。

我甚至能用小手術托盤裡最基本的器械，取出硬腦膜下血腫，讓刷手護士目瞪口呆，但不管我有沒有這麼做過，也許這二十年來我總說自己可以用簡單的器械取出硬腦膜下血腫，來回傳頌眾口鑠金，但比起那些在資源不足區域工作的醫生，我的克難知識其實相形見絀。在那樣的地方，醫生會窮盡所有可用資源，包括用塑膠瑞尼頭皮夾（Raney clip）來止血，還有用老式手動的鑽孔機和鋸子來開顱。身處「已開發」國家的我，並沒有忘記「開發中」國家的人是如何珍惜資源的。

但是關於用小手術托盤器具做硬腦膜下血腫手術這件事，我的確是認真的把這個概念放在心上，身為一位小兒神經外科醫生，的確可能會遇到各種不同情況。就有點像是怪醫黑傑克那樣，隨時都能處理任何狀況，直到有人能接手。我認為自己是能解決問題的人，我總愛說自己錦囊中滿滿妙計，這個自我認知對我來說是很重要的。我覺得當自己需要妥善處理各種狀況完成工作照顧病人時，我是處於最佳狀態的，而且我也會盡可能的精進自己的本事，好讓我治療的病人得到最好的結果。

手術結束後，大部分用過的器械和拋棄式用品都需要經過清點，確保手術前後物品數量相同。但就如同醫療過程可能產生的不確定性，這個過程並不是萬無一失的，要看眼下情況有多緊急。要是八歲孩子騎著腳踏車被撞了只求先止血，難道不是手邊有什麼能用的就先用上？又或者換個場景，做的是預先排定的脊髓手術，目標是幫助孩子恢復行走能力，沒有急於救命的時間壓力時又當如何？這可是兩種截然不同的情況，要是再加上疲勞和人員輪替，再想到所謂手術都是由一隻戴著眼鏡、可能沒吃早餐，兩隻腳的哺乳動物執行的，顯然存在很大的犯錯空間。

好吧，鋪了這麼長的梗，到這裡我終於可以鼓起勇氣承認，綜觀我的外科生涯和那成千上萬的兒科手術，我也加入了羞羞臉醫生的行列，無意間把東西留在患者體內，那東西也稱為「術後遺留異物」。

我是在診間發現這件事的，當時所有手術過程湧入腦海，我瞬間想通發生了什麼事。那時我在電腦螢幕上看著3D掃描圖，上下旋轉頭骨圖像時，有兩條清晰可辨的橡皮筋，看得我的心臟差點要從胸腔跳出來了。

隔壁的診療室裡的是夏安（Cheyenne），差不多快滿十一歲了，我看的正是她的斷層掃描，她媽媽說她在動過緊急手術後狀況很穩定。夏安是個活潑好動、無憂無慮的孩子，手舞足蹈起來根本旁若無人，幾個月前的醫療紀錄寫著，她是個健康活潑、性格開朗甚至有點淘氣的紅髮女孩。

我第一次見到夏安是在我們兒童醫院的病房，當時她在床上亂搖亂晃，發燒到三十九度人也沒有反應，在我到達病房之前，她才剛捱過一次嚴重的癲癇發作。她的雙眼緊閉，呼吸長而嘈雜、刺耳，彷彿一直在呼氣。夏安的媽媽則在床邊踱步，她看起來三十出頭，頭髮的邊緣卻已經灰白，看起來像是長期操勞加上幾天沒睡好的樣子。

「你會怎樣做？」在我自我介紹時，夏安媽媽問我。

我都還沒來得及回答，她又直接了當追問我：「你接下來要怎麼處理？」

房裡還有其他病人要照顧，病房護士進進出出的都在盡力工作，護士給夏安接了氧氣，但她在迷迷糊糊的狀態下，總會一直伸手把氧氣罩扯下來。護士把抗癲癇藥物加到她的點滴裡，這是原來治療她的醫師開的醫囑。護士加完藥後轉身問我還需要做什麼，還說這孩子原來的醫師正在來病房的路上。

因為夏安夜間發燒和精神狀態變化，所以病房幫她做了檢查，斷層掃描顯示她的大腦有感染，有硬腦膜下積膿。我帶的住院醫師也因此接到會診通知，他診斷這孩子需要做緊急手術，判斷完全正確。

那天連著有許多會要開，我一直都在會議當中，接到電話了解到病例情況嚴重時，就先離開會議。

「打電話給手術室，」我對住院醫師，「我們得馬上處理。」

我對護士說：「請聯絡加護病房，她很快就需要插管了。」

對孩子的媽媽說：「跟我出去談一下，護士和我的住院醫師會照顧她的。」我抬頭看到夏安的血氧徘徊在九二%左右，心跳低於正常值。

護士已經聯繫了加護病房團隊，醫療團隊、住院醫師、呼吸技術師、加護病房護士，醫學系的見習生也奔上樓衝進大廳，大家迅速定位。我到了以後，看到他們推著更多生理監測設備到大廳，還帶著藥箱，裡面裝滿各種藥品。

「我們很快就會推她進手術室。」我告訴大家。

神經外科住院醫師從病房裡探出頭來，「手術室在準備了。」

我回頭望了望夏安的媽媽，雖然她看來嚇壞了，但又不知怎麼的，好像鬆了口氣的樣子。

「我就說她病了，醫生。這幾天狀況越來越嚴重。」媽媽終於一吐為快，「她頭痛，脾氣也有點暴躁，能治好嗎？」

「她的狀況稱為硬腦膜下積膿（subdural empyema），」我快速的回答道，「這是大腦表面受到感染聚集在頭頂，在左側。她的病情很嚴重。需要進手術室把膿清出來。」

「怎麼做？」

「我們必須移開頭骨、打開大腦表面保護層，抽取樣本培養確認病原，然後會小心沖洗感染部位降低腦壓，最後抗生素必須要有效果。」

「現在？」

「是的，現在就要做。」

她停頓了一下，彷彿是在消化這席捲而來的變化。

「好，」她答的直接，「照顧好我的孩子。」

手術時我沿著髮際線後面做了個切口，一路穿過頭頂。為了掀開頭皮露出足夠的顱骨面積做開顱手術，我像往常一樣在頭皮的皮瓣底部外側放了塊手術海綿，拿了條中等大小的無菌橡皮筋，暫時用縫線固定它們。簡單！快速！不用五分鐘我們就開始鑽頭骨了。

感染比我在斷層掃描看到的嚴重，我們打開硬腦膜時，膿液從手術部位滿出來，順著洞巾流到地上。有個見習才一周的醫學系學生，很不巧的在這時探向手術部位，結果他不得不找張椅子坐下，把頭壓低埋到雙腿間免得嚇昏過去。吸除膿液的過程會刺激到大腦，使腦縫中流動的細小血管擴張，有點像眼睛受刺激以後又紅又腫那樣。微小的感染點附著在大腦和軟腦膜的表面，任何吸取動作或甚至只是輕輕沖洗，都會導致脆弱的血管擴張出血。這要是在玩兒童遊戲機檯的話，差不多算是所有警報會一起叫吧，警示燈會爆掉。

但最重要的是，只要打開硬腦膜，大腦就會開始慢慢的膨脹。「降低二氧化碳分壓。」我要麻醉師增加呼吸頻率、排出更多二氧化碳，以減緩大腦腫脹速度。「把床頭升高。」這些動作都可以減少腦腫脹，爭取足夠的時間完成工作。

我們取了旁邊的骨膜迅速用縫合線稍作固定，讓大腦能有多一點膨脹的空間，接著放了條引流管，從大腦受感染最多的區域那邊延伸而出；我判斷這次手術不用骨瓣，需要留點空間以備大腦膨脹，防止顱骨內的壓力過高。隨著二氧化碳分壓改變、頭部抬高加上那塊骨膜，一切看起來都很順利，接下來也不過是縫合內外層頭皮，一切都在預料之中。本來這手術預估要做上一小時的，但我開始覺得到這邊已經差不多了，我甚至想不起來到底發生了什麼事。

「你還好嗎？」我問住院醫師，「你能縫合剩下的部分嗎？」

「可以的。」他邊回答邊忙著沖洗開顱時飛濺出來的骨灰。

我走出手術室，自信的認為已經完成了任務。我跟她媽媽說明了一下情況，那時其他家屬也到了。

「接下來的幾天會很辛苦，」我說。「她的大腦會腫脹幾天，我們得幫她插上呼吸器。」我向她解釋孩子的大腦放了微型顱壓監測線，能即時追蹤腦壓、適時以藥物介入治療。

接下來的三天病況就如預期般那樣不穩，她的腦壓忽上忽下，不過抗生素逐漸壓制了感染，沒過幾天她就移除呼吸管了，又隔了一週她開始能說話，開口要吃她喜歡的食物。

不過還是要繼續幾週的抗生素治療，再加上幾個月恢復元氣，之後我才會把3D列印的人工頭骨植入開顱手術時的缺損處。我覺得以她之前的感染嚴重程度，原有的骨瓣不太可能完好無缺的癒合，所以我找了張合適的斷層掃描，打算用3D列印塑膠材質的骨片來代替她缺損的頭骨。

也不曉得什麼原因，一直到縫合完成都沒人發現這兩條橡皮筋，先前的檢查掃瞄影像也都沒注意到有它們，總之真的讓人摸不著頭腦，但幸運的是即使有那異物，她也已經沒有感染的情況了。

我簡直不敢相信我所看到的。我人在忙碌的醫院裡盯著電腦，螢幕上顯示著我犯的錯誤，護士和學生們在我身邊進進出出，每個檢查室都擠滿了人，而那時我已經遲到了一個小時。

開玩笑是吧？我心想。

我打電話問神經外科手術室負責人，結果我得到的回答是，縫合前不會計算橡皮筋數量，橡皮筋並不在標準程序範圍內。

這下別無選擇了，得把那橡皮筋取出來，我只能直接告訴她母親，不過那可以在做人工頭骨植入手術時一起處理。

我走進診療室，夏安坐在她媽媽旁邊。她打扮得很漂亮，幾個月前手術時被我們剃掉的紅色頭髮長出來了，短短的，還戴著貝雷帽。因為骨頭缺損所以頭上有個凹痕，但腦壓已經正常了。

我進去時兩人都站了起來，笑了。

眼前的情景好到讓人差點忘了要說的事，回想我最後一次見到她是在她出院前，準備要返家接受密集物理治療。那時的她一邊慢慢地伸手去拿著色筆，一邊吃大家用勺子餵她的蘋果泥，她的左邊身體還很虛弱，左手才剛剛能伸手。大家都建議夏安住進康復中心，但她媽媽說：「她不像你們想像的需要那麼多幫助，你們不知道我的夏安有多堅強。」

走進那間診療室時，我看到的是一個非常健康的少女對著我微笑、感謝我，唯一的差別只有髮型在手術時有點被剪壞，那一刻我完全明白了，她母親說得很對。站在她身邊的媽媽則是滿臉笑容，還沒等我反應過來，她媽媽就招呼著要一起合照。

我得告訴她。

「說『西瓜甜不甜？甜～』」

我得告訴她。

「拍的很好，」她說。「夏安，這是救了妳一條命的醫生。」她媽媽一邊說著，淚流滿面。

我真希望這一刻能持續得久一點。我可以什麼都不說，默默的在下次手術時拿掉那兩條橡皮筋，沒有人會知道。

但我還是讓自己冷靜了片刻。

「有件事我得告訴妳。」我說。

我說完後，夏安的媽媽低著頭坐在椅子上。我第一次注意到她的穿著，那和我一開始在醫院看到她時完全不同。今天她穿著一件開襟毛衣，貝雷帽下的中長髮向後撥著。毛衣是暗橙色的，有黑色的滾邊，看起來有點像是後來我父親從日本買回來送我母親的衣服，那時父親還買了個沉甸甸的陶製烤盤，還有漂亮的球形玻璃釣魚浮標，就放在我小時候那個家的後門旁邊。

在我還沒會意過來之前，她已經抬起頭來，眼神更明亮了。她站起身，把女兒拉近身邊，一滴淚水從她的臉上滑落。

「你救了我的孩子，」她說，「我的寶貝今天還能在這裡，要感謝你的手術。」

「但我應該要……」我正要開口。

她插話道：「醫師，我不在乎你是否把車鑰匙落在她腦袋裡，你看看她。」

夏安假裝驚訝的舉手摸摸頭，「我沒發現裡面有什麼車鑰匙。」她笑著搖了搖頭，「當我搖頭時，鑰匙難道不會在腦袋裡叮噹作響嗎？」

最後一次手術，我們順勢用了原來留在腦子裡的那些橡皮筋固定皮瓣，並且在不觸及內部大腦組織的情形下處理好頭骨缺損的部分，我個人認為這應該歸功於上次手術，我們匆匆縫上的那

塊骨膜。我們將人工頭骨完美的植入缺損處，完成後剪下兩條橡皮筋。手術即將完成時，刷手護士除了計算針頭和海綿，還按照新的標準程序計算了橡皮筋。

完成後他們自豪地宣布：「這次有算到兩條額外的橡皮筋。」

夏安在醫院住了一晚，第二天就回家了。接下來的一年她都在我們醫院追蹤，因為每次斷層掃描結果都很漂亮，所以回診間隔時間也逐漸拉長，經過第四次追蹤確認後，也差不多是時候讓她恢復正常生活了，她不需要再定期來見我了。

這對患者、父母和外科醫生來說都是重要的時刻。病人和家長都可以畫上一個休止符，對自己說，我已經完成了生命這一章；對外科醫生來說，這表示要和病人就此別過，以後不會再看到這個自己幫助過的人回來。這些關係都是很珍貴的，因為你會開始想念能聽到他們的學校生活，還有最近在看什麼書，你會懷念看到他們長大、聽到他們恢復的情形，想到自己的專業幫助了他們。但是，當然，這只是盡醫生本分。其實人所擁有的善良和慈悲，都是由過去的種種經驗交織而成。正是過去的生活經驗造就了現在的自己，能夠應付小兒神經外科急診時的工作強度和緊迫。我知道下面我想說的話，可能不是一般小兒神經外科醫師會有的想法（但也可能是？）。當我明白到孩子必須手術才能活下去，而且得要由我來做的那一刻，心裡的那種善良和慈悲油然而生。我就是會看到那種朦朦朧朧的畫面，孩子康復過程中父母那寬慰的眼神，重新對未來產生希望，直至最終出院回復生活。未來會影響過去這說法，我知道聽起來很荒謬，但我找不到更好的說法了，在我看來這樣的循環是存在的，而這將我推向未知的領域。

最後一次看診結束時，也是夏安最後一次站起來感謝我。她伸出雙手，就是頭一天在醫院病床上瘋狂揮舞的雙手，握住我的，然後把我的雙手舉在我們之間。就在這時，容我這麼說，我彷彿重溫了幾個月前她媽媽原諒我時所說的那番話：你救了我的孩子。

也因此每當我看到橡皮筋時，如同我辦公桌上我和夏安的合照旁邊放的，多年前那條橡皮筋一樣，總能提醒我施與受、愛、慈悲和寬恕那無盡的超越時間的力量，以及這力量如何將世上的人串連起來。

九：最後一名

某天早晨五點四十五分左右，我登上了阿拉巴馬州伯明罕州界上一座山嶺。執業早期我最喜歡的休閒方式之一，就是在醫院過完忙碌的一週後，星期六早上隨興的找個附近的半程鐵人三項比賽參加。在那週五的晚飯過後我會收拾裝備，把自行車放在我的速霸陸汽車上，準備第二天一早出發，有時凌晨三點就出門提早趕到目的地，登記並找好賽間轉換區，這是個擺脫醫院框架和減壓的好方法。

通常我的成績都能落在前二分之一強。小時候我沒有特別擅長的運動，不過我還蠻自豪會好幾種不同類型的運動，我會滑雪、衝浪、擊劍，還可以在乒乓球比賽中擊敗我的堂兄布萊德。我想這就是我喜歡鐵人三項的原因，三項運動合而為一，純粹練身體。但那天不一樣，我想在我的年齡組裡拿到名次，實際上我早就報名，而且還努力訓練，希望拿出我最好的比賽成績。那天我開著車時，腦中盤算著如何加快運動間轉換的速度。

我記得當我向西行駛時，太陽在我身後幾乎空無一人的州際公路上升起。當我的車開過山頂時，猛然看到前方中間有團塵土飛揚著，接著我看那團塵土飛揚空中，有個女人從裡面被拋飛了出來，然後重摔在地。隨著灰塵和煙霧消散，我只看到一輛撞得變形的麵包車躺在一旁，底盤正對著我。

過了幾秒鐘我才會意過來，我剛剛看到的是一場事故，我掉轉車頭停在消防車道上，打開車門跑向那台麵包車，一路上看到的是車裡的生活物品四散，裂開的ＤＶＤ播放器，那種能吊掛在汽車椅背上的ＤＶＤ；破舊的恐龍娃娃、一個掉進水窪裡的粉紅色枕頭，還有一罐沒開封的午餐肉。

接著對向來車也開始減速靠邊停，結果大概有六個人一起跑過來，他們越過寬闊的山路中線，跑步大約三十秒的路程；穿過草地、樹木和中間的排水溝。

我比其他人還早到，有個男人橫躺在前座上，右耳整個撕裂只剩耳垂連著，脖子上有個開放性傷口，鮮紅色的血液汩汩的不斷湧出，有人幫忙把他從車裡拉出來，抬到幾公尺外的草地上。我不記得我們是怎麼把他弄出來的，但我真實的記得血流過我臉頰的溫度。我以為他的頸動脈撕裂，按住他的脖子止血，其他人又救出了車裡兩個人，抬到一旁。我跨在男人身上用力按壓，他痛苦的叫著。很快我的指間滲出的血變成了靜脈血。他還有呼吸，在緊閉的眼皮底下，眼球還在不停轉動。

我抬頭看到一個金色短髮的幼童捂著臉哭泣，靠在一個中年女人的懷裡。

「她沒事吧？」我提高音量問那位女子。

「我在汽車座椅上找到這孩子。」她也高聲回應我，同時搖晃了一下懷裡的孩子。

我本能的伸手去檢查孩子的脖子，看看有沒有脊椎骨折外傷。他清醒而且也能動，我的檢查其實沒必要，但我還是伸手摸了摸，那孩子沒有任何問題，檢查完後，他的脖子後方沾上了我的血手印。

「交給我吧，」她說，「照顧他們。」說罷，她從事故現場稍微退開，背對著陽光。她穿著醫護制服，上面別著名牌，我猜她大概是當地某家醫療院所人員，剛要去上班或是剛下班。

我看到一個穿著格子短袖襯衫的男人。

「你，」我對他喊道，「我需要你幫忙壓著這裡。」然後把他的手放在那男人的脖子上。

「大約用這樣的力氣，」我示範著該壓多大力，「無論如何都要讓他的脖子保持挺直。」

對一起站他旁邊的女士：「我需要妳幫忙盡量把他的腿伸直、壓好。」病者的膝蓋呈現不自然的九十度，我邊說邊把腳拉直，病人叫了一聲，但很快又沒聲音了。「如果他醒來就和他說說話，讓他冷靜下來。」我說。

一旁地上還有個十多歲的女孩，有兩個人壓在她身上試著固定她的姿勢，而她正不停的反抗，又哭又叫。

我在她面前蹲下，「讓我檢查一下，」我大聲說道。她的膚色正常，身體各部位都能動，也有呼吸，脖子看來也沒問題，沒有需要我處理的部分。

「讓她起來，」我說，「她這樣反抗下去會傷到自己。」

他們放開了她，她起身坐在前頭哭著。

「你，」我對一個穿著紮染T恤、二十多歲的青年說，「陪著她、跟她說說話。」

這批傷者最後的那位情況截然不同，我想她應該是這家人之中的妻子、母親，車子翻滾時，她是最先從車上彈飛的那位。她的皮膚和嘴唇的顏色越變越紫，呼吸又短又急促，看來像是大口大口的吸著空氣，我想這狀況比起加壓止血要複雜多了。但這裡可不比手術室，手術室能插管、呼吸和出血都在監控之下，而且這裡也沒有麻醉師或麻醉護士，沒有輪班的護士和刷手技術員，沒人像在醫院那樣遞給我無菌又合用的手術器械，也不能嚴謹的用顯微鏡做手術，還有那縫合時偶爾來上一點的音樂。即使是急診室的混亂，也很難和這狀況比，病人經常在到院時已經插管，我們接了人就是先送到斷層掃描室或直接推進手術室。

「你幹嘛不幫她？」附近有個少年大聲的打斷了我的思路。

我把耳朵貼在她的胸前，右胸聽不到任何聲音，看來很有可能是氣胸或血胸。要嘛是肺葉受傷，空氣從肺泡逸出跑到肺和胸壁之間；不然就是胸腔有大血管破損，肺部受到大量血液擠壓塌陷，用針或尖銳器械刺穿胸壁，可以降低她肺部和心臟的壓力，至少能暫時活命。如果是氣胸，肺泡逸出的氣體壓迫肺部，那麼刺穿胸壁放出空氣能使她恢復呼吸和含氧血液的循環，但如果是血胸，是大血管破裂的血液擠壓肺部，這麼做很快她就會失血過多身亡。標準做法是試著減壓，減對了可能救傷者一命，但要是減錯了則無疑會害死人，一個本就難以從這樣可怕的意外中倖存下來的人。

現在的問題是，我穿著運動衫和褲子，沒帶任何醫藥箱，手邊沒有東西可以幫她減壓。我是有外科醫生朋友，會在車裡隨時備一根大號靜脈注射針，為的就是防止遇到這種情況。我記得我有像瑞士刀那樣大小的隨身折疊式六角扳手，就收在我的鐵人三項自行車的座椅下，自行車固定在我車頂的自行車架上。我喊個人去幫忙拿，心想我很快就要準備刺破她的胸壁，大概在腋下一個手掌寬度的位置。外科他們都會把胸管插哪？實習醫師年代那種戰鬥生活，對現在的我而言，早就過去十多年了，**我想這急救大概不會順利**。

就在這時，我聽到遠處救護車鳴笛聲駛近。我再形容得清楚點，那情況是你人在現場，知道救護車那甜美的鳴笛聲正在駛近要來幫忙，尤其是當你穿著運動褲在野外，只有一個折疊式多功能自行車工具，加上兩個快要斷氣的傷者。那位母親的心跳非常快，快到我很難將十秒的脈搏數乘以六估算心跳。我自己也被汗水濕透了，眼鏡上全都是蒸氣，但至少還看得見她身上因擦傷所造成的失血並不多。不過毫無疑問的，如果不幫她做胸腔減壓，她很快就會死。

現在三名傷者每人都有二至三人照料著，所以救護車一停好，我就趕緊起身跑過去。一切看來還是那麼混亂，抱著嬰兒的女人在一旁靜靜的走向救護車。

我對我看到的第一個護理人員大喊：「我是外科醫生，有中年婦女從車裡被甩出來，呼吸急促，右胸腔無呼吸音。我想她有氣胸，需要減壓或插胸管，她傷的最重。」

第一位急救人員俯身用聽診器聽她的胸腔，然後向一位帶著擔架剛從救護車後面出來的急救員做了個手勢。

「張力性氣胸，」他喊道，「在右側，嘴唇發青。讓她上救護車做胸腔減壓，然後插管。」

他回頭看我。

「還有個中年男性，」我說，「頸部有深度撕裂傷，可能是頸動脈，我們正在幫他加壓止血，但我看至少已經失血一公升。耳朵撕裂、右腿脛骨九十度角骨折，已拉直骨頭但未固定，心率不明。」

「十幾歲的女孩，」我繼續說，「只有抓傷和瘀傷但過度驚嚇，她在現場走來走去。」我指了指那個穿著紮染T恤的青年，還在少女身邊努力的安慰她。

領頭的救護員又派出另外兩組人馬，要把傷者送上擔架，他瞧著我、抬了抬右邊的眉毛。這時可以聽到遠處的醫療後送直升機駛近的聲音。

「還有，」我說，「還有個男嬰，在事故汽車座椅上找到的。我檢查過他的脖子，那時他身體都還能行動自如。」我指著那個帶著孩子的女人，她剛把孩子交給救護車裡的人。

「急救人員動作神速，真的超級快。你們到底是怎麼辦到的？」我問他。

領頭的急救員頓了頓，笑了一下，然後從救護直升機裡大聲的對我說：「醫生，你也想開直升機嗎？」

這名女性傷者先是在救護車上做了胸腔減壓，然後送上直升機飛到最近的一級創傷中心。男性傷者送至另一架直升飛機，脖部和頭部用乾淨的敷料加壓著，由護理人員固定好姿勢。孩子們則坐上救護車，頭戴頸圈加上長背板，固定躺在擔架上，按標準作業程序送往最近的醫院做評估，然後轉院到四十五分鐘外的伯明罕兒童醫院。

當救護車開始沿著消防車道返回基地時，我抬頭看到雙向車道都有長長的車流回堵。車陣中有些人要往西走，車頂上架著自行車，看來有不少從我身邊經過的人，都在趕往我要去的那個比賽。

我走向我的車子，路上看到兩個選手穿著鐵人三項服裝，自行車架在他們的卡車後面，朝比賽地點緩慢的向前開著。他們盯著我，有點猶豫地搖下車窗，那時的我渾身沾滿血，手掌、手臂、襯衫和褲子前面都是。

「看來你忙了一天。」司機說。

「我比賽要遲到了。」我回答著，雙手順便在運動褲上擦了擦。

「車流開始回堵時，我們已經打了電話給主辦單位，」車上有個人說道，「他們知道有事故發生，會把開賽時間延後四十五分鐘。」

「麻煩到了以後，請他們再晚十五分鐘開始，」我說，「只要再十五分鐘就好。」

最後我趕到了比賽起點，他們也確實等我到場才鳴槍開賽。我推著自行車進到轉換區，脫掉了血淋淋的運動衣，打開我的比賽包，把東西都堆在我的指定區域，排隊等候開賽的選手們響起一陣掌聲。我拿起我的泳鏡和泳帽跑到比賽起點，來不及檢查胎壓，沒有先把防曬油塞進鞋子裡，也沒把太陽鏡放在自行車安全帽裡。我在游泳這項比賽的起步還不錯，我選擇帶浮標游，慢慢超過了其他帶浮標的選手。在快完成自行車和跑步項目時我完全累垮了，體內每一滴腎上腺素都耗盡了。事實上，我甚至累到無法在轉換區裡找到我的指定位置，還浪費了幾乎整整一分鐘的時間來找。當我在過道上跑來跑去，試著在數百堆看起來差不多的物品裡找我的跑鞋和裝備時，最初那些為我鼓掌的人開始幫我找東西。

整個比賽過程，我腦中一直想著野外的情況有多麼不同，多麼原始、混亂、血腥和依賴本能。尖叫和口水，碎石和草葉，全部融合在一起，分秒必爭、正確判斷是比賽不二法門。在手術室也一樣，我想著我的天哪，我是個能幫孩子取出腦瘤的人，為什麼在這裡卻這麼優柔寡斷？我對挫折有了完全不同的看法。我又憑什麼去教急救人員，就因為他們沒有保持傷者頸部伸直，或在腿部上夾板，又或者在混亂之中忽略了腹部急症？我自己也就是這邊看一下那邊看一下，甚至都沒有好好做過一遍完整的神經系統檢查。清晨那場意外讓我懷疑自己，思緒翻來覆去的一波波湧來席捲了我。我做的對嗎？全家人都獲救了嗎？我需要奇蹟，越多越好。

我在一開始跑步時喝了太多水結果抽筋，然後在五公里外的轉彎處扭傷了腳踝。我坐在小路上，用大家在補水站買的大膠帶暫時固定傷處，然後繼續踉踉蹌蹌的前進，跑過終點線時是最後一名。我想那時他們可能都已經撤掉了一些計時墊，我甚至不記得我完成比賽的總時長，這是我有史以來最爛的比賽成績。

頒獎儀式結束吃完賽後餐之後，我整理好散落在轉換區的裝備，扶著自行車一跛一跛的走向我的車子。主辦單位已經在收拾架在路邊的活動式圍欄以及終點線標誌，許多提早完成比賽的人都已經開車走了，附近的護理人員正在把沒用過的醫療設備裝上車。賽事規定每場比賽至少要有一台救護車或消防醫療車，以防有選手意外受傷或因比賽太過激烈引發心臟疾病。我走到他們收拾行李的地方，瞥見一輛空的、乾淨的輪床正被裝上救護車。

「你有沒有聽說今早在州際公路上發生的車禍？」我問他。

「有，」他點點頭。「一家四口全部獲救，四個人都是。」

聽到這個消息後，我感覺有股熱血直衝腦門。我靠在自行車上，花了點時間才把車清理乾淨，太陽幾乎就在湖的正上方，炙熱的陽光照射在我們身上。

「今天比賽順利嗎？」他一邊問，一邊關上了救護車的後門。

「是的，棒透了。」我回答著，帶著微笑轉身回到車裡，「我是最後一名。」

十：觀察、實作、教學

那是二〇一六年秋天，我在澳洲布里斯本的手術室裡，戴著手術放大鏡和頭燈站在無菌區，準備為子宮內的胎兒做手術，這是這個地方第一次進行如此先進又危險的手術。我和我澳洲的手術夥伴——另一位小兒神經外科醫生馬汀．伍德（Martin Wood）在一起，而我們碰面才三十六小時。我們兩個都交叉雙臂，馬汀盯著顯示器，看著子宮露出來的表面閃爍發光，我則低頭盯著地上，思考接下來的手術步驟。

在我看來，不管做什麼手術，術前最後那一刻都是最難熬的，一遍又一遍的檢查完每個部分，除了下刀再無其他。雷射已經聚焦備妥，心裡的焦慮達到頂點，那感覺就像站在懸崖上，鼓起勇氣準備跳入深淵。但只要再一下，所有的不安都會在下刀那一刻……煙消雲散，然後專注於眼前那步，接著做下一步，處理眼前冒出來的麻煩。由於這是澳洲首例脊柱裂胎兒手術，所以今天的手術萬眾矚目。我們正在等手術縫合器的聲響，只要婦產科醫師剖開子宮壁、將胎兒的脊髓轉到視野中，我們就會聽到這個聲音。

手術室裡的人數比我平常手術時要多得多。老實說，我不喜歡讓人看著我操作，感覺起來看的人無論是不是外科醫師，好像都能批評我，一副能做得比我更好的樣子。當我做完手術回頭思考過程為何順利，或是有哪些意外處理得當時，愈發覺得有人在一旁觀察這件事很荒謬。我感覺自己可能是世上唯一偏好在小小手術室裡，和人數少少的團隊一起動手術的外科醫生，完成手術後去和病患家屬慶祝，然後就安靜的走開。不過隨著我在業內越來越資深，這種可能性就變的越來越小。

今天是來自世界不同地方的兩個醫療團隊進行聯合手術，子宮內手術治療脊髓脊膜膨出，或用通俗一點的話說，對子宮內發育中的胎兒手術，修復脊椎發育障礙導致的脊柱裂問題。現場瀰漫著不安和興奮的情緒，有一百多人參與這個計畫，包括了那些籌措醫療資金帶我們過去，並找到合適的大型手術室及團隊的人，更不用說同意冒險的那對勇敢的澳洲夫婦。這次手術選在週日，這是一週裡手術室最不忙的一天，所有工作人員都能夠更專注。幾個相鄰的手術室裝了閉路電視加上一排排椅子，裡面坐滿了醫院員工、醫生、護士、支援人力，以及所有想一探究竟的人。

突然間，隨著子宮壁被劃開，手術縫合器聲音響起。

我向馬汀點點頭示意，我們倆都默默的去刷手檯洗手。

我來這裡是因為我們胎兒中心外科團收到請求，要到澳洲布里斯本幫忙執行該國史上第一個脊柱裂修復子宮內手術。脊柱裂是個老問題，與孕婦代謝及葉酸不足有關，會影響胎兒的脊髓發育，這就是許多年前會在麵包裡添加葉酸的原因。懷孕初期包含還沒完全確認懷孕的那一小段時間裡，如果母體葉酸不足，就會使胎兒發育過程中椎管下端閉合不全，脊椎末端敞開、暴露在外。除了發育上的畸形，這個敞開區域裡的神經也是毫無功能的。胎兒能發育出腿和肌肉，即使神經系統也有發育，但只要脊髓功能缺損，這一切都是枉然。在發展出胎兒手術之前，這類病例一般的治療方式，是在出生後頭幾天做新生兒脊柱裂修復手術，由肌肉、脂肪到表層皮膚，一層層修補裂開的脊柱區域。但術後大多數嬰兒會出現腦積水的現象，腦部會積聚過量的腦脊髓液，一種會讓胎兒虛弱最終致命的阻塞。即使活下來後續也會有脊柱畸形、無法控制大小便、行走困難以及許多其他問題。直到二十世紀中葉，醫學才進步到能讓這類病童長大成人，不致於落到死於腦積水或腎功能衰竭的境地。

這其中最重要的部分，得歸功於放置腦積水分流器的幫助。分流器基本上是條加上了能夠調整壓力或流量的調節閥的小管，裝置在皮膚下，可以將大腦脹大的腦室中積聚的腦脊髓液，從腦室轉移到腹部排空，再重新吸收回到體內。只要運作良好，就會起大作用，但有經驗的父母和小兒神經外科醫師就明白，分流術可能有後遺症。有時後遺症會導致頭痛，越來越痛最後會需要去急診室，甚至要再次手術，不過幸好這種後遺症不太會造成急性症狀危及生命。長期生活在痛苦和折磨下，加上術後運動受限對健康造成負面影響，會隨著時間推移，慢慢導致壽命降低。

隨著千禧年展開，有些外科和婦產科醫生開始思考有沒有更好的辦法能幫助這些孩子，他們認為應該能透過子宮內的手術改善出生後的症狀。相關動物研究和早期人體臨床研究，主要是由費城兒童醫院和范德比大學兩大醫學中心進行。兩個中心各自研究，當子宮內的胎兒尚在發育的前提下，如何以手術修復胎兒脊髓。**子宮內的環境對裂開的脊髓是有害的**，因為胎糞和其他胎兒廢物堆積，會導致疤痕組織和神經損傷，理論上會進一步損害本就異常的脊髓功能。此外，以手術避免缺損周圍脊髓液的滲漏，似乎也能減少腦積水的症狀。截至目前為止，雖然還無法在懷孕初期畸形發生時就用手術治療，但也許透過懷孕後期手術，能防止脊柱閉合不全直接接觸子宮內環境所造成的損傷，也能減少脊髓液進入羊水中的損失，改善出生後的症狀。

治療成效蠻不錯的，然而主要缺點是有早產風險，新生兒可能不足月，如此一來無可避免的增加了多重器官風險，包括呼吸系統、胃腸系統、大腦和許多其他問題。如何衡量早產風險與子宮內胎兒手術的益處？就在北美各地醫學中心即將加入胎兒手術中心的時刻，因為沒有明確的研究數據顯示子宮內手術的益處大於風險，所以美國國家衛生研究院介入，要求各醫療院所暫停開設胎兒手術中心。只有最初的兩個中心：費城兒童醫院、范德比大學，加上一個特許的加州大學舊金山分校醫學中心，能透過縝密的規劃，以醫學研究的角度執行這類手術。此外，胎兒出生後也會再次進行手術修復，這是既有傳統治療脊柱裂手術的時機。同時這些研究會嚴格遵循醫學指引，確認什麼樣的對象可以被納入、手術如何進行，以及針對該案的研究目的為何。這些研究紀錄隨著時間累積，會規劃提供醫界共享。

范德比小兒神經外科醫生諾艾爾・圖利潘（Noel Tulipan）是個話不多，個性謙和處事不卑不亢的人，早年曾是范德比大學制定手術計畫的兩人團隊中的一員。他與婦幼醫學專家約瑟夫・布魯納（**Joseph Brunner**）共同參與了范德比大學標準程序制定，而且在臨床前研究也有許多貢獻。其他兩個中心的子宮胎兒手術團隊以及手術程序也同樣經過標準化，使三個中心的手術流程同步統一。隨著時間過去，情況越來越清楚明確，許多父母想要進行胎兒手術卻不得其門而入，唯一符合條件的方法是參加名為「前瞻性脊柱裂隨機臨床試驗（**the Management of Myelomeningocele Study, MOMS**）」，透過隨機分配執行胎兒或產後手術，能被抽中做胎兒手術的機會是五〇%。

在我到范德比工作之前，MOMS計畫一直很順利，但後來研究不得不停止，不是手術有問題，反而是因為胎兒手術的優點明顯勝過其他。越到後面證據越充分，進入試驗最後階段已經有足夠的結果，高下立判非常明顯，要是繼續再把人分去做產後手術，那是不道德的。所有符合條件的受試者，都應該要有接受胎兒手術的機會，不該再隨機的被分配去做產後手術。MOMS研究結果發表在《新英格蘭醫學雜誌》（*The New England Journal of Medicine*）上後引起廣大迴響，也是時候取消禁止其他醫學中心執行胎兒手術的禁令了。北美有數十個醫療團隊前往范德比和其他兩個中心學習胎兒手術，我也在這個情況下加入了范德比，我被招攬過來創建小兒神經外科部，要慢慢開始接替即將退休的諾艾爾，承接他在胎兒手術計畫中的工作。在我看來，這是個值得探索的有趣新世界，這段經歷也可以在我的外科手術生涯裡添上一筆紀錄。當時我並不知道諾艾爾第四期癌症復發，正在接受實驗性治療，他的時間很不幸的實在有限。

我參與的第一個手術只是當助手，單純的從旁協助諾艾爾。這是很正常的標準外科醫生訓練過程：**觀察**、**實作**、**教學**。儘管我之前做過數百例新生兒脊柱裂修復手術，但對子宮內胎兒做手術我完全沒有經驗。范德比的手術團隊是由婦幼外科醫生凱莉．貝內特（**Kelly Bennett**）指揮，這個團隊合作無間，而我還不算是其中一員。他們對我小心翼翼的，這很明顯。在諾艾爾的職業生涯，他曾做過的脊柱裂胎兒手術比任何人都多，我曾開玩笑的說，他做過的數量可是**全宇宙第一**的，我和他當然沒法比。讓自己融入這個團隊需要時間。

不久後諾艾爾又接了一例手術，**實作**機會到了，這次換他當助手。懷孕二十三周時的胎兒組織不同一般，縫起來就像在縫製濕紙巾一樣，稍有不慎，就會撕裂脆弱的肌膚。手術時我會忍不住問諾艾爾：「是不是這樣做？」或是說「你覺得這針怎麼樣？」我所參與的手術是如此博大精深，讓我退回早期接觸外科手術的那個我，步步為營、不是那麼自信。不過這次手術和先前一樣，一切都很順利。

之後又來了一案，這次是住院醫師來當我的助手，諾艾爾在旁邊監督**教學**，就這樣，諾艾爾完成了他最終的任務。不久後在他的退休歡送會上，他因推動胎兒手術受到表揚，他的經歷證明了一切。來自各地醫療中心的合作夥伴、護士和同事們都出席了，向他的手術能力和推動創新治療致敬，幾個月後他去世了，還差兩年就滿六十五歲。他的葬禮很低調，只邀了親朋好友，醫療團隊們為他的逝去感到悲痛，直到最後他都對自己的病情保密。我接下了他的位置，他在這個領域做的比世界上任何人都多，而那時的我才剛要開始接手。

幾個月後我贏得了團隊的信任。我們在胎兒手術領域共同發表了一些關鍵性的論文，慢慢的，團隊越來越信任我在手術室的判斷力和手術能力，我覺得自己漸入佳境，不時會有醫療團隊到訪，有許多我認識的小兒神經外科醫生來見習這項技術。隨著時間過去，手術流程也更進化，縮短了縫合脊柱裂的時間，我們的手術方式比起前瞻性脊柱裂隨機臨床試驗時更加簡化，團隊其他人對我也不再像剛來那時有所保留。大多數小兒神經外科醫生都具備修復新生兒脊柱裂的能力，只要能適應胎兒更小尺寸、更脆弱的組織，很快就能掌握這樣的手術技能。通常像這樣的研習團成員，還會包括婦產科醫師以及麻醉師，他們大多是來學開子宮的。在婦產科住院醫師訓練養成之中，打開孕婦子宮並不是標準訓練項目。我們在早先發表的一篇論文中說明，使用范德比團隊負責人凱莉・貝內特開發的技術，可以降低子宮內胎兒手術的早產比例。約瑟夫醫師多年前已經離職，凱莉從那時起接替了他的位置，我們的新團隊也開始步入常軌，全國乃至世界各地都有團隊前來觀摩研習。

接踵而至的就是澳洲的訊息。布里斯本的醫療小組幾個月前來見習過，他們希望我們手術團隊一共七個人都過去澳洲，和他們組成聯合醫療團，這顯然不是個普通的請求。此外，因為那邊的團隊已經收到了轉診病患，手術馬不停蹄的安排在三周後，但我們這邊所有人都需要簽證、臨時醫療執照，還要先處理已預定的工作計畫，以及手頭現有的幾項複雜任務。在我們答應澳洲那邊時，也只是簡單的想了一下會有這些事，但要辦妥這麼多事得全力以赴。但很快的，多虧了我們的行政助理，團員們都拿到了許可證，能夠前往澳洲進行醫療訪問。

我們一行共有七人：首席婦幼外科醫師凱莉、負責協助手術的整形外科醫師史蒂芬．布勞恩（Stephane Braun），麻醉醫師雷．帕斯科爾（Ray Paschall）（考慮到胎兒和母體隔著胎盤屏障，這種麻醉並不簡單）。雷早在前瞻性脊柱裂隨機臨床試驗開始之前，就是胎兒脊柱裂研究團隊的一員，也是該團隊現存的兩個草創成員之一。兒科心臟專家安．卡瓦諾（Ann Kavanaugh-McHugh）也在團隊裡，她在手術過程會以即時超音波（echocardiogram）測量胎兒心跳。這讓我們能夠透過專業追蹤，隨時察覺早期胎兒窘迫的跡象，這個資訊對麻醉師和執行手術的醫師很重要，能據以迅速判斷調整。最後兩位是愛莉西亞．克拉姆（Alicia Crum）和梅莉莎．布羅伊爾斯（Melissa Broyles），她們雖然不是醫生，但對於這項任務是不可或缺的。愛莉西亞在院內主責胎兒超音波檢查，特別是主管手術室中胎兒心臟超音波。她站在我的左邊，拿著無菌的超音波棒靠在子宮上，手術時我們手肘手臂常會碰到一起。梅莉莎是范德比教學醫院一般外科和泌尿外科刷手護士，她對刷手最有經驗，而且對工作充滿熱誠。這兩位的角色都是無可取代的，不論在我們自己院內或是去訪問醫療，有她們在才好安排胎兒手術。

當我們登上飛往香港的飛機時，我總感到自己有冒名頂替的味道。畢其一生都貢獻在這個領域的人其實並不是我，我是後來加入團隊的。身為太空計畫的鐵粉，搭飛機時我有意無意選了電影《阿波羅13號》（*Apollo 13*）來看，影片中阿波羅十三號的太空人傑克．斯威格特（Jack Swigert）在火箭發射前取代了肯．馬汀利（Ken Mattingly），就像那時的我，這一幕強化了我趕赴任務那種不可動搖的感覺。

到了香港因為航班延誤的關係，我們改道經過雪梨再往布里斯本，為了這個歷史性的時刻，澳洲醫療從業者管理局（Australian Health Practitioner Regulation Agency, AHPRA）特別安排在總部授予我們臨時澳洲醫療執照，而他們已經準備好，等待著我們的到來。經過了三十個小時的路程，我們大家拖著行李直接進到了他們的總部。出發時我們被告知要帶學位證書、醫師執照、醫師公會會員資格證明文件或經過公證的副本。那次會面的亮點之一，是看到經驗豐富的兒科心臟病專家安．卡瓦諾，她本身也育有四個孩子，那時她拿出保存完好的文憑和研究生學位交給官員。

當官員把捲軸般的文憑展開，臉上露出意外的神色，像路邊舉牌的人那樣舉著看。她見狀說道：「嘿，我寧願在辦公室裡放家人的照片，也不會放這些無聊的東西。我家閣樓有一堆這樣的東西。」在場的我，馬上想到我自己辦公室牆上那些沉悶的東西，的確除了我之外，也不會有什麼人留下什麼深刻印象。

很快我們就拿到許可再次上路，儘管我們都累得筋疲力盡了，但還沒到休息時間。我們會見了接待我們的團隊，參加了對方安排的歡迎晚宴。晚餐前喝了杯咖啡後，我和澳方團隊的小兒神經外科醫生馬汀對坐著。他的家庭組成和我一樣都是年輕家庭，妻子也是醫生，我們也是差不多在同樣的時間點完成訓練。我發現我們兩人有很多共同點，那晚我盡我所能的聽著，盡量保持清醒。馬汀人蠻有趣的，我很快就把他當成朋友。言談間我開始回想以前在密西西比成長時那些老故事，我記得那時我在想，**自己也算是個有趣的人**，想著想著就在等甜點時睡著了。

第二天早上八點開始模擬，手術室裡有三十多人、兩個團隊同步模擬，一步步學做各個步驟。我們用了四小時向澳方團隊傳授我們的知識和經驗，他們則向我們介紹了澳洲手術室特有的文化。有些儀器有暱稱、有些護士也有另外的叫法，澳洲人稱手術室的流動護士為「童子軍」（沒錯，我回到美國後有試過這樣叫，不過一次以後就沒下文了。）回想起來，這樣的模擬手術是非常重要的，就像用飛行模擬器訓練飛行員，了解標準和緊急情況操作。操作幾輪後，甚至連意外胎盤早期剝離和緊急分娩都練習過後，我們都覺得準備的差不多了，然後就進入關鍵下一步，會見患者和她丈夫。

這次諮商和在美國時不同，美國那邊常會有許多家屬在旁，而他們只有兩個人過來，身旁沒有親友可以商量。他們倆坐在一起，孕婦戴著一條寬鬆的圍巾，在長長的彩色連身裙下能清楚看出已經進入懷孕中期。我們走進諮商室時，她的丈夫正拉著她的手遞水給她。兩人都對自己的決定充滿信心，也正是這樣的信念支撐著他們走到這一步。我注意到桌子上沒有紙巾盒、沒有淚水，也沒有反反覆覆難以決定的煎熬。他們都對於治療以及手術背後的數據有充分了解，也能接受醫療團隊的安排。雙方談話持續了大約三十分鐘，談完後我們起身準備離開，我回頭看到那個男人轉向他的妻子，他們閉上眼睛，手牽著手，門也在我們身後關上了。

隔天大家從清晨就開始準備了。手術時間訂在早上七點，手術室裡的工作人員、麻醉團隊和患者得提前幾個小時就先預備，所以他們天沒亮就上工了。在我們抵達澳洲那短短的三十六小時內，馬汀和我已經迅速建立了友誼。對兩邊的醫療團隊來說，美方這邊並不只是過來做個手術然後就離開，事實上這個手術對兩邊都是很重要的。我們長途跋涉至此，並不只是為了幫忙做一次手術，我更希望在我們團隊離開後，馬汀和他的團隊能夠自己執行這項手術，甚至還能教會其他醫療團隊怎麼做。

所謂的知識傳承，是可能透過一段下午茶的討論、一番簡短的教學對話、手術模擬或觀察來傳遞，但我從來沒有遇過現在這樣的情形，要把兩個醫療團隊整合在一起手術，那情形好比把我們所知的一切壓縮，然後在對方的手裡解壓縮。這麼做真的很冒險，對未出生的嬰兒是風險，尤其脊柱裂子宮內閉合手術，是唯一針對非致命問題進行的胎兒手術。事實上胎兒手術的指標很少，治療胎兒先天缺陷手術來來去去，風險總是大於成效，但還是要多虧美國國家衛生研究院，以及所有參與前瞻性脊柱裂隨機臨床試驗的人，最終證實了這個手術利大於弊，早產的風險比不上未來對孩子身體狀況的幫助。可是今天這個手術要是失敗，影響到的不僅僅是這個家庭，要是失敗，對於世界上每一個可能從這個手術中獲益的孩子來說都是不幸，因為要是胎兒死亡或是發生無可避免的併發症，之後官方都會追究責任，重新、從嚴審查這項手術。

但今天，手術的每一步就如同練習的那樣，是由兩邊團隊共同完成，而手術開始的也算順利。梅莉莎凌晨四點三十分就到院了，與兩名當地護士一起準備複雜的手術器械、秉持著一貫的熱誠檢查手術區桌面，徹底無菌消毒。雷恩與他的澳洲麻醉師同行，一起研究最適合的靜脈注射部位，並分享了他獨特的麻醉誘導和維持方法，讓病人的子宮在手術過程中能保持放鬆。腹部剖開之後子宮慢慢露出來，愛莉西亞巧妙地將無菌超音波探頭滑過子宮頂，將健康的胎兒和心臟圖像傳給在角落等待著的安·卡瓦諾。凱莉小心翼翼的領著她的同事，婦產科醫師同時也是澳洲團隊負責人格倫，以儘量避免肌肉損傷的方式切開子宮、找到胎盤，並以最快速度把胎盤縫在子宮內壁上。

接下來就是馬汀和我的重頭戲了，為了這未出世的胎兒和他的父母，這不但是為了我們、為了格倫的團隊，也是為了澳洲將來每一個需要這項手術的孩子們。當手術縫合器響起那時，我才剛要在腦海裡演練縫合最後一層，但訊號一響我們就得馬上登場了。

當我們雙雙刷完手進入手術區時，四周一片安靜，雙手向上、手掌向內、手指展開。我們都戴著手術放大眼鏡和頭燈，用來放大、照亮手術的區域。身為神經外科醫師，執行精細手術時為了要看清楚解剖結構，我們常用手術顯微鏡，這是精妙的儀器，但可惜它大又笨重，不適合用在這次手術。當我們擦乾雙手、穿上長袍走近手術台時，可以聽到監視器中傳出母體有節奏的心跳，粉紅色的子宮暴露在空氣中，大約有一個籃球大小。那曾經被子宮撐開的肚皮現在褪到子宮下，連著黃色的脂肪一起攤在白色的手術服上，雖然周圍有很多人在看，但我得趕緊回神專心手術了。

當我們走上前，我點點頭向手術台周圍的其他外科醫生打招呼，試著緩解緊張的氣氛。我低頭看著露出來的脊髓，就像三粒米連在一起那麼長而已，飄在一個含有脊髓液、薄薄的半透明組織上。馬汀和我立即開始動作，將微小的脊髓與神經根和周圍異常發育相連的皮膚分開，完成後再縫合皮膚。一般情況下，只要輕輕剖開缺損兩側的皮膚，通常能拉到中線縫合，用患者自己的皮膚蓋回神經組織，可是這個胎兒的脊柱裂縫太大，沒辦法這樣做。其實愛麗西亞和我在手術前一天的超音波影像裡，就已經暗暗懷疑過會有這種情況，但要不是親眼所見，也很難憑影像論斷。這也說明了為何需要我們醫療團隊過來，因為這個手術要修復的，是比一般更嚴重的脊柱裂，是名二十四週的胎兒，全身血液量比四分之一罐汽水還少。為了達成使命，我們必須在胎兒側腹做額外的切口，讓皮膚有足夠的鬆弛度，能拉到中線包覆裂開的區域，但又不能拉的太過，否則縫合處會在懷孕過程中分崩離析，撐不到出生。

「史蒂芬，」我對我們團隊的整形外科醫生說，「我需要你。」

馬汀稍微讓開，史蒂芬順勢補了進來，這也是他參與手術的原因之一。我們先前一起做過很多次這樣的手術，三個人一起在胎兒側翼做了額外的切口，很快就完成了。

凱莉靠過來輕聲提醒我們抓緊手術時間，「時間一分一秒過去，大家注意。」

我們手術的區域就只是一個湯匙的大小而已。因為做了額外的切口，導致血流量比正常要多一點，中間安．卡瓦諾的聲音響起：心臟供血不足。心輸出量（cardiac output）隨著心跳升高略有下降，這是早期胎兒窘迫的跡象。手術室的氣氛凝結了，我們七人都明白胎兒的狀況岌岌可危，但還是得這在小小的湯匙範圍裡繼續前進，我們一定會克服的。皮瓣完成，史蒂芬退到一旁，馬汀再次回到我對面的位置。切開後兩側中線的皮膚鬆弛柔軟，足以完成修復，刷手護士遞給我持針器，我示意馬汀接過它。他靈巧地用頭髮般的細線將皮膚縫合在一起，並在切口端打了個結。我們將一小塊膠原移植到皮膚下，隨著胎兒身體發育會成為脊柱裂部位的硬腦膜。他一步一步的縫合背部，每次縫三公釐，直到完成縫合。

當他小心的打結時，我說「歷史會記上一筆的，第一個在澳洲進行的胎兒脊柱裂是由澳洲本地醫師完成的。」我聽到身邊響起低沉的鼓掌聲，與大家長呼一口氣的聲音。

凱莉走了進來，小小地開了一個玩笑：「好的，高手們，得人有帶我們回家了。現在，大家往後退，幫我們弄些咖啡來。」

接下來的幾個小時，病人開始甦醒與她丈夫交談，我們也一同感受這一刻。完成複雜手術後的那種感覺，幾乎超越了任何情緒，每當我走出手術室去跟父母分享結果時，或者之後在更衣室那個安靜的空間裡時，我常感到強烈的情緒，那種對生命敬畏但又終於放下重擔的感受。在這裡，在這世界的彼端，與認識沒幾天的團隊合作，再加上我們身體還處於時差狀態中，這種成就感更是難以言喻。

那天稍晚，我們受邀觀賞了一場精彩的澳式職業橄欖球賽，其實我不是很懂比賽規則，接著是輕鬆的晚餐。在經過了風平浪靜的夜晚後，第二天早上召開了新聞發布會，所有主要新聞媒體都出現了。報導重心集中在澳洲首次進行這樣的手術，接著是手術風險。我累了，我們所有人都累了，就連澳方也感受到這幾天累積的沉重。在採訪台上，當被問及手術的風險時，我不慎口誤了。我本來準備要說的是手術處於「風險邊緣」，但我卻脫口而出「瀕臨死亡」。這句話不到一小時就登遍了澳洲新聞網站頭條，我的美國夥伴有些高興，但我本人還蠻懊惱的。不過隨著這件事持續發展，記者們開始體會到它的真意，這說法也就開始變得不那麼駭人聽聞，大家的注意力放在怎麼做對病人、對醫療團隊，以及對患有脊柱裂的胎兒更好。

每個胎兒都是無可取代的，能見證子宮內的生命發育，就算只是透過手術剖開的小窗口一瞥，這件事本身就足以讓人嘆為觀止。但是當我們能去治療、**去將那個窗口縫合**，更是令我分外感到敬畏，很少有人能有機會去做這樣的事。每當我站在手術台縫上最後一針時，那種奇妙讚嘆的感覺都會油然而生，這一切經過是如此奇妙，而我又是執行過程的一分子。當然還有其他比我更優秀的人，身為一名外科醫生，總是會有人比自己更厲害點、動作更快點，更懂得自我推銷。事實上，隨著我們的推廣教學越做越多，我們自己醫院的病例數已經在下降。但那是在前瞻性脊柱裂隨機臨床試驗時就預料到的，當初除了指定的三個中心以外，其他中心都不能執行這項手術，但如果這個臨床試驗成功了（最後的確也成功了），那麼其他中心就有資格學，並自己做這個手術。一個醫學中心每年最少要做幾例胎兒脊柱裂手術？如何擴大推廣？如何改進手術？這些都是我參與國家「專家小組」會議時，或是和同事討論時會被問到的問題。但我無法獨自回答，一個人是做不到的。其實我更喜歡關注在生命的奇蹟，至於這些問題，就讓後繼的外科醫師去討論求解，推動這個領域向前發展。我對我在這次旅程中的表現感到滿意：觀察、實作、教學。

十一：對話

小兒神經外科醫生第一次見到病童父母時，大多數的對話通常都是讓人很難接受的。**不會吧……我的小孩一直很健康，從來不生病的，醫生這是怎麼回事？**在急診或兒科重症加護病房裡更是如此。當開始介紹自己是小兒神經外科醫生時，父母通常會漸漸變得情緒化。也是，從自己嘴裡吐出的那些事實大都讓人難以接受，這的確會讓父母們失去冷靜，也不乏會有「看你也是個醫術不怎麼樣的醫生吧」，或是「拜託誰來把我從這個可怕的惡夢中叫醒」這類反應。

我記得幾年前在兒科加護病房有個兩歲的病人愛莉（Allie）。她躺在加護病房的病床上一動不動，身旁呼吸器發出斷斷聲響，正在幫她調節呼吸，甚至可以說是在幫她呼吸。她原本很健康，只是她在後院玩耍時，她媽媽發現她左腿有點無力，沒多久就發展到完全無法動彈。他們趕忙去了急診室做腦部影像掃描，結果原有的美好變成一場噩夢。

護士們在她的床邊來來去去，除了調整點滴量，也把偶爾響起的監視器警報靜音。愛莉昏迷不醒，只對強力刺激有反應，她的父母站在床頭，看起來嚇壞了，握著她的手盯著瀕死的女兒。在去見他們之前，我和住院醫師及搭配的護士哈莉．文斯（Haley Vance）一起看了她的腦部核磁共振影像，我還記得在去病房前有討論到，影像掃描結果看來並不好，存活率或許最多只有五％，這不由得讓我想到接下來的對話會很不容易。

她的大腦核磁共振顯示腦幹有大量出血，特別是橋腦。正常的大腦組織被壓縮向外推擠，橋腦被血塊壓到移位只剩薄薄的一層，問題很可能來自出血性海綿狀血管畸形，部位很小問題卻很大。那時的我還從未見過大腦出血量這麼大，然後病人還活著的例子。腦幹是大腦的一部分，負責眼睛、臉部、口部、聽力、吞嚥等大部分功能，而負責脊髓和身體間傳遞運動和感覺的神經束位於橋腦。小小的空間卻控制了很多事情，這麼核心的位置冒出個大血塊並不妙。

當愛莉人還在掃描儀中時，兒科醫生打電話給父母，直接把影像掃描結果跟他們說了。檢查完後她被帶回兒科加護病房，小兒神經外科團隊等在那裡要了解了她的病史，一邊處理一邊找我過去。

「你好，我是小兒神經外科醫生威倫斯，」我一邊說一邊走到床邊幫她檢查。「我很遺憾的告訴你，你女兒病得很重。我知道你已經知道了，她有腦出血，有點中風，而且是在一個非常重要的位置……」

爸爸說，「你能不能把血塊拿出來？」他看起來筋疲力盡，媽媽看來也是，我可以想像他們前晚幾乎沒怎麼睡。「是中風了？她才兩歲，你確定嗎？」爸爸開始拋出一連串問題。

為了確認那對父母是否會意過來孩子有生命危險，在接下來的對話還沒說出口的前幾秒，我敏銳的意識到他們的生活將從此不同。沒有什麼辦法可以讓對方了解狀況，卻又能讓對方不這麼痛苦。我提醒自己，他們是這孩子的父母，他們愛她、關心她，他們得知道發生了什麼事，這跟我想不想說沒有關係。即使我心裡明白，這是連我自己也無法承受之重，那也不是理由，他們得知道實情，這是我的工作。

「嗯，」我回答。「有些中風是因為血流量不足，有些則是流血過多。」

「她還能活下去嗎？」她媽媽問。

「她病得很重，我擔心她可能會撐不下去，」我說著，然後又停了下來。

「但她可能，」媽媽邊說邊抬頭看著我，「挺過這個……」她並沒有說完，話音戛然而止。

「可以的，」我說。「總有機會的。」

我就這樣走開了。

「所以現在是中風了？我還以為是腦瘤，」父親一邊說，一邊用手指揉著太陽穴，「大家說是腦瘤。」

「這個嘛，我不這麼認為，」我輕聲說。「在我看來像是血管畸形。」很難跟大家解釋這是什麼，血管畸形這詞聽起來臨床而且太遙遠，就像說X光片有異常，或說親友去世般那樣遠在天邊。

「你這是什麼意思，血管畸形？」

「這是個小型異常的集合（可惡！該用什麼詞解釋），小型集血部位比如靜脈的集合，但它們會流血然後導致大腦發生嚴重問題，」我說。「就像你女兒現在這個狀況。」

「所以這不是癌症？」

「不，我不認為這是癌症。」我說這話的時候，他們倆靠得更近了。

「謝謝你，醫生。」他們說。

「但我什麼都沒做。事實上，我現在是真的什麼也做不了，因為她現在的狀態太差了不能直接手術，出血位置在大腦深處，我們必須看看她是否能撐下去才能……」這下變成我開始在不停解釋了。我亂無章法的解釋著，一副好像是我一開始沒講清楚似的，不停解釋著。

媽媽插話：「醫生，我們家愛莉是名戰士，她會好起來的。」然後她轉頭看著她的女兒，我們的對話很明白的劃上了句點，她的丈夫也點點頭，我該離開了。

的確，接下來幾個月，儘管困難重重，愛莉還是穩定了下來，病情也慢慢開始進步了。住院復健幾周接著門診復健，畸形處周圍的血液都被身體吸收，病灶也微微縮小了。她或許不需要再手術了，連我自己都開始這麼相信了。

然後，突然間，又開始出血了。這次沒有上次那麼嚴重，但病灶又擴大了。她的神經系統不像上次受損那樣嚴重，但接下來還是可能發生一樣的問題。要是再發生像上次那樣的出血，她可能很難活下來，放療或化療都無效。放射治療這些類型的血管病變看不出效果，而化療主要只用於腦瘤。要嘛做手術要嘛就順其自然繼續過日子，但順其自然的前提是，她父母得知道這樣過下去有風險，難保哪天會出大事。

現在是決定要不要做手術的時候了，像這樣腦幹深處的海綿狀血管畸形很難去除，尤其是在橋腦中間的那些，所有在大腦和脊髓間往返的關鍵訊息都要經過那裡。要處理病灶就必須開後腦，唯一的方法是穿過第四腦室底，但那是重要的神經核團和纖維束所在地，是個大地雷區，幾乎可以說是神經外科的禁地。其中有些海綿狀畸形比較靠近腦幹的兩側或前沿，要靠近這些區域只能鑽掉部分顱底。通常鑽孔比切開要花更長的時間，我以前做過但沒幫助，病變就在腦底，這也是頭骨最薄的地方之一。問題又來了，要不要冒著第三次腦出血的風險？或是乾脆手術切除，但病人也會付出相當的代價。我不認為她能熬過再次出血，該是時候開刀切除了。父母同意了，也訂好了手術計畫。

第四腦室的腦底看起來像隻菱形風箏。菱形的上半部較窄，藏在小腦腳下，結構看起來像房子屋頂，攜帶訊息往返小腦並負責協調，最重要的是小腦本身，負責身體所有動作協調。菱形的下半部屬於延髓，中間有一系列沿著軸突延伸的長神經元為界，從東到西稱為髓紋。風箏的中線是正中溝，功能是分開左右。但下半部有幾個相當關鍵的神經核，負責吞嚥、呼吸、嘔吐、舌頭運動和警覺性。紋路正上方是稱為顏面神經丘的凸起，這是橋腦深處的顏面神經圍繞第六神經核向上延伸的地方，負責眼球橫向運動，同時它也能做為手術時的關鍵指標，這個區域損傷會導致該側臉部癱瘓、眼球橫向移動。現在就是這個特殊的地雷區被腦內出血往兩側擠，病變位於顏面神經丘上方一公分到腦腳上方〇．五公分處。要取出這樣的東西，就像從一個小鑰匙孔中取出一個大核桃，先不說那核桃本身充飽了血，還有核桃周圍的一切，對愛莉來說都是牽一髮而動全身，那會影響她與外界互動的能力。

在手術室裡，她俯臥在手術台上，頭部用鉗子固定保持靜止不動（頭鉗是在病人完全麻醉後才戴上的）。她的後腦勺準備好也舖上洞巾了，接下來從中線直接剖開皮膚，我們將上頸部肌肉分開，暫時移除一大塊顱骨，符合海綿狀畸形所需的開口和角度。一旦打開硬腦膜等小腦半球稍微回縮，就開始用手術顯微鏡找病灶。儘管從劃開第一刀起已經過了九十分鐘，但要到菱形窩露出來時，手術的重頭戲才正開始。為了確認進入腦幹的位置，我們用鋒利的微型刀切入腦幹，同時用微電流刺激第四腦室底，一旦檢測到臉部肌肉抽搐時，表示找到顏面神經丘及神經束，這些神經會穿過橋腦到側面的顱骨。

然後我們用小手術刀穿過腦底，深藍色的血液立即流出，液化的血塊從洞裡被擠出來。生命徵象保持穩定，接著開始解剖靜脈竇，小心的將它們一個一個取出來。就在取靜脈竇時心跳開始劇烈波動，我們停了一下讓情況穩定下來然後再開始，接著又停頓再開始，就這樣反覆操作。我們留了一條重要的充血內靜脈沒有動它，因為如果它受損，後續會引起更嚴重的中風。不知不覺五個小時過去，手術終於完成了。

我低頭看到第四腦室底部，有個比鑰匙孔明顯要大的裂口，但要取出這種大小的病灶，這開口無疑是不可避免的。有沒有可能在更無損的情況下取出病灶？我對自己有如此期許。自我懷疑在蔓延，這個決定是正確的嗎？我腦海裡思索著小兒神經外科醫師應該要避開哪些地方，這不是反省，倒更像是自我檢查內控。但在充滿挑戰的手術時，這樣的思考容易變成自我懷疑、鑽牛角尖。當下的我需要專心手術，止血、取出腫瘤，然後把孩子從鬼門關拉回來，我得把分散的思緒拉回來，專心在眼前顯微鏡下的病人。最後手術完成了，是縫合的開始，也是愛莉漫長復健之路的開端。

這段經歷永久改變了她的生活，七年多後愛莉仍在努力復健，她回到學校上課但身體還是虛弱，說起話來生硬不自然，有時甚至會說不出來，她的動作也不順，得用助行器幫助走路。但在此之前的她，是個已經昏迷了一段時間、需要靠呼吸器維生的人。中間她又做了一次類似的手術，治療海綿狀血管瘤小面積復發。這次手術我們盡量不損及正常靜脈，盡量保持完整。術後又花了幾個月才復原，但她還是做到了，再次走進我的診間，坐在診療椅上。在那之後，我們只用了三十分鐘的小手術，就移除了用來固定她的頭骨板塊的骨瓣，她當天就出院回家了。愛莉又驚又喜不敢相信，甚至在後續追蹤回診時問我，先前的手術為什麼不讓她在當天出院。但幾個月後，她的健康狀況漸漸越來越差，走路不那麼有力，談話也不那麼自然了。核磁共振顯示她有腦積水，顱內的腦脊髓液阻塞累積，我們又做了一次手術解決阻塞問題，然後她又重新回到了復原的路上。最近，她又有症狀，腦積水又復發了，我們還是重複了前面那些過程，然後她又回到了原點。

我在最近一次回診中跟她母親卡洛琳（Carolyn）說，我覺得他們的女兒非常有韌性，每次看到她從手術中恢復時，我都對她的復元能力感到驚訝。當我自己罹患大腿骨盆肌腫瘤時，會從對她的記憶還有她的韌性中，汲取靈感度過恢復期。癌症的威脅差點淹沒我，但這個小女孩卻敢直球對決。愛莉經歷了許多人一生從未遇過的挑戰，而每一次，她都會再次拿起助行器、接受語言治療、再次回到學校。

我問她母親：「她是如何做到的？」還有，看到自己九歲的女兒經歷這些，卻仍努力堅持是什麼感受？

「這就是她所認知的生活，」她母親回答。「早在遇到這些問題之前，我們就很了解自己的女兒，她走路早、說話早，個性也很早熟。她進步的很快，但兩歲時就有腦溢血，現在進出醫院已是她的日常，這就是她所知的生活，她的人生就是一次又一次的復健。」

我看著女孩靠著自己站立，就只有微微搖晃不穩。她媽媽伸出手要扶她，但愛莉推開了。

「媽……媽……」她慢慢地說著，顯然是要母親別幫忙。

「醫師，」她母親茫然的說道。「你還記得一開始，我們第一次見面的時候，你試著向我們解釋病情，而我說愛莉是名戰士嗎？」

「我記得，」我回答。「那時她處於昏迷狀態，根本談不上恢復。事實上，對你們一家來說，最艱難的日子還沒有到來。那時我也不知道到底能清楚的傳達多少，所以也不算真的解釋了病情。」

「你當然沒解釋清楚，這很明顯。」她笑著說。

我也笑了，雖然我只在危急時刻才會出現，但我總覺得自己好像和這家人一起走過了這段旅程。我們看著愛莉走到診療室門口，然後又走到大廳去跟護士拿了一張卡通貼紙。她推著助行器穿過門框，邊走邊敲門，看來是還想再走去別處，她母親和我又都笑了。然後她母親抬頭看著我，神色嚴肅了起來，我感覺好像回到幾年前，看到她在病床邊握著女兒的手，面對著世界崩塌的那個時刻。

「其實那天，你做了你自己沒有意會到卻意義深長的事，我們從來沒跟你說過。」

當她看著她那曾經瀕臨死亡的女兒，在大廳裡啪嗒啪嗒地走來走去收集卡通貼紙時，她停了一下，我轉過頭看著她，這些年來我一直很欽佩這一家人。我做著心理準備，不曉得她接下來會說什麼。

「你可能以為自己給了我們一生中最糟糕的消息，但事實是，在你那晚走進病房之前，我們的生活本就已經走到了那個地步，你那時做的其實是給了我們希望，鼓勵了我們堅持不放棄。」

十二：N-5411-Y

醫學院二年級年末假期，家人決定踏出南密西西比州老家那熟悉、傳統的舒適圈，接受朋友盛情之邀，在聖誕假期去小開曼島（Little Cayman Island）放鬆一周。當時原本家裡有我爸媽、兩個姊姊，但慢慢的，姊姊的男朋友，還有即將和我訂婚的梅麗莎也加入了我們家的生活，所以這次旅行渡假也有他們。保證有太陽，加上衝浪和風，對冬日裡渴望著陽光的我們來說，那裡聽起來根本是天堂。在小開曼島的那週的確如想像的那樣，甚至還超乎想像。所謂超乎想像的部分，講的是那不可預期的、也是最終促成我們此次到那裡渡假的原由。

遠在我出生之前，我父親就已經當了二十五年的飛行員，他十五歲時在密西西比不只拿到了駕照，還有飛行員執照。小時候他在爺爺的乾洗店工作存夠了錢，所以拿到飛行執照後不久，就買了台二手輕型民航機，這事蹟我從小聽到大。他與藍天也因此結下了不解之緣，在我們眼中看來，這份情懷讓他無比充實，父親與天空之間的情感是其他人沒有辦法體會的。大學時他讀飛行學校，最後進入空軍國民警衛隊服役，歷經四十多年的職業生涯，退休時已晉升為少將。書架上展示的照片，就是他將高性能戰鬥機發揮到極限，帶領運輸人員執行週末、甚至長達兩週長途任務的國民警衛隊生活。有時任務後他還會帶回來自遠方稀奇古怪的伴手禮，像是日本的釣魚浮標、印度那種看起來很複雜的折疊式屏風，還有厄瓜多的美麗風箏等等。

除了為執行任務而飛，週末他有很大一部分的時間，會花在飛行或和飛行有關的事務上面，不管是工作或是在家裡。他有時會坐共享的塞斯納一七二型螺旋槳飛機（Cessna 172）去彭薩科拉（Pensacola）附近看祖母，家裡比較常是我會陪，就坐在飛機右手邊的座位上。我還記得小學時爸爸要我背乘法表，不然就不讓我跟他一起去。當我背不出乘法表後段時，他會和我坐在停機坪上一起背，就在轉動的螺旋槳前幫我測驗，直到我可以背完整張表。他會去老家鄉鎮裡，無人飛機跑道的機庫，繞著飛機吊架走一圈，看看當地的飛機，或是到附近的市府機場，瞧瞧他喜歡廠牌的雙引擎飛機。他的行程都是自己開飛機不請飛行員，因為這樣他不但是以公司老闆的身分跑行程，又能增加自己飛行員時數，一舉兩得。

在小開曼島旅行時，我開著塞斯納一五二型螺旋槳飛機，正式累積了四．三小時飛行員時數，這次當然不只是父子之間的練習。有賴於早年和父親的空中演練時光，那年夏天上正規飛行課時，我很快就能起飛、用無線電通信、設置導航（那年代還沒有GPS），而且也開始學習如何在跑道上著陸，而不是在草地上滑行停下。但不管如何，父親決定大家一起飛往小開曼島，包括我和梅麗莎。我們坐的是派珀阿茲提克（Piper Aztec），這是架雙引擎飛機，綽號阿茲卡車（Aztruck），它因為機身笨重加上儀器外露，常為人垢病聲名狼藉。確實是聲名狼藉，我父親後來告訴我，這飛機曾被用來走私大麻進來美國。我的任務是副駕駛，確認飛行前檢查「確認完畢」這項繁重責任。

「襟翼」……「確認完畢」

「駕駛盤轉動」……「確認完畢」

「燃料混合狀態」……「確認完畢」

我數了數，一次飛行前檢查大約就有七十五個項目要確認。當我還是小孩的時候，父親還會多加幾項要我「確認完畢」，只是為了看我有沒有集中精神，或是順勢教我一些東西。當時我實在不懂為何，但現在當了外科醫生以後就非常有感。

一旦離開邁阿密，這三小時南下之旅的重頭戲是要爬升到八千英尺，以便安全的越過古巴。飛行路徑需要遵照預先確定的航線，這可以想成是「空中高速公路」，不同的飛機會以不同的高度飛行，各自會間隔五百或一千英尺。一九九〇年代所有飛越古巴的「空中高速公路」路線交會在同一點，就是古巴拉戈島（Cayo Largo）對面的島嶼北側。在這個地點上方，所有非古巴籍航空器必須至少保持在八千英尺高度，一路直向南方飛行，同時還得收聽又吵又大聲的古巴無線電訊息，直到抵達南部海岸經過拉戈島，再返回預定路線。安全穿越小島後，我們啟動了自動駕駛功能，航向我們的下一個點：大開曼島。

差不多飛在古巴最後一個航點與大開曼島中間時，父親開始按電池的電量顯示板，這就像開車一樣，發現油箱顯示異常時，正常人也都會按一下油箱顯示板確認一下。電量板會詳細顯示飛機電池是在充電或是供電，如果飛機在地面暖機且引擎尚未發動，又或者是飛機在低空低速行駛時，電池都是在供電狀態。其他任何情況下，飛機電池應該都是保持在充電狀態的。當我們發現到電池快沒電時，是在看到飛機停止自動駕駛的時候。在我父親用無線電聯絡哈瓦那基地台，告訴他們我們發生問題的那一刻，飛機導航也故障了，接著無線電也壞了，然後整台飛機都沒電了。

不用說，這真不是個好時機。另外三名乘客，梅麗莎、我大姊夏娃和她當時的男朋友史蒂夫，也都開始注意到儀表板暗掉，沒有任何顯示，我和父親之間的討論越來越頻繁，還開始四處翻找雙引擎飛機上不常見的救生衣。父親要我駕駛飛機，指示我不要避開雲層，也不能偏離目前航道超過十分之一度角，他則在他的包包裡四處翻找。過去那些年來，我是個偶爾會發點脾氣、有點不守規矩的兒子，還不止一次反駁他的意見，我總覺得去唸醫學院像是父親從小趁我睡覺時不斷吹的耳邊風，把我給催眠的都想當醫生了，不能真的算是自己的選擇，醫學生的生活也都還需要適應。

不過那時在飛機上，我暫時成了個聽話的乖兒子。我滿口稱是，比被警察開超速罰單和上職業道德課時還要乖。經過一陣東翻西找，他掏出了一個手持式、電池供電的雙向無線電對講機，這是他在我們起飛前三周才買的，標價都還掛在它的人造皮套上。他用飛行手套箱裡的航空等效天線，連到飛機常用於耳機和麥克風的輸入孔，試著用這個裝備聯繫哈瓦那但沒成功，或許是電池電量不足，不然就是對方沒回應。

我已經在腦中反覆練習我那僅有的四．三小時正規訓練千百次，使出全力應用到手頭的任務中。雲層很低大約三千英尺，因此我們飛機所處高度相對比較沒有明顯的亂流。我們對目前的位置真的沒有概念，只能用導航沒電前最後顯示的位置去推估。如果我們向東或向西偏移，只要偏離原本航道兩度就會脫離目的地的視野範圍，要是偏的太多還可能會脫離大開曼島機場的雷達範圍，最後要是真的迷路了，機上的燃料可能會不夠。雲層低會阻擋視線，而降落位置差的太遠，更會讓我們機上那微弱的無線電使不上力。

最後有架美國航空DC-10型號的航班，在我們飛機上空三萬五千英尺處飛向邁阿密。他們在聽到我父親發出的訊號後，機長表示了自己的身分。

「N-5411-Y（我們的飛機識別號），你們好像遇到了困難。」他說。

他將我們的情況透過無線電通知哈瓦那，但哈瓦那什麼也沒做，只是引導我們把無線電頻率轉到大開曼島的頻率。

「情況危急。」我們聽到機長告訴古巴的空中管制員。

「無線電頻率一二〇・二。」

「需要雷達定位。」

「請聯繫一二〇・二。」

機長要我們放心，為了預防我們可能發生海上迫降的情形，他已將我們的位置和情況用無線電傳送給大開曼島，但其實他不說我也想到會有迫降的可能。

隨著機長的聲音在無線電裡劈啪作響，父親也開始開啟無線電自動求救，SOS訊號瀰漫在機艙裡。我回頭看了一眼已經瞪大眼睛、瞠目結舌的梅麗莎，她驚魂未定的問：「你們家一直都是這樣子的嗎？」接著父親告訴我，要是無法在四分鐘內找到大開曼島，那我們就不得不掉頭，降落在古巴。這時我腦海湧現了HBO灌輸的那些槍殺案還有嘲諷美國的畫面，把我那得來不易的醫學院假期花在古巴，一點都不好玩。

話說前兩週才剛發生了個新聞事件，有古巴人先是自己駕著米格機叛逃到了美國，然後又開著借來的塞斯納一五〇飛機回去載一家子逃走，飛機降落在擁擠的高速公路上，還在古巴空軍衝到現場前順利逃脫了。不用懷疑，現在真不是兩國交流的好時機。還有同樣令人不安的，是爸爸想要衝進美國海軍在古巴關塔那摩灣基地的雷達掃瞄區，爸爸向我保證他可以在軍方開槍前制止他們。我當然相信老爸辦的到，但前提是我們飛機有無線電能用。我搖了搖頭專心飛行，同時注意水面看能不能找到陸地。

令人啼笑皆非的是，我們人在古巴南部加勒比海的某處，燃油快用完到處找不到地方降落，然後開的還是一架綽號阿茲卡車、常拿來載貨的笨重飛機，還真是剛好。

飛機上的時鐘因為沒電已經沒有作用，我的手錶顯示從完全沒電以來，已經過了將近一個小時，時間不多了。我們透過雲層向下看，盼著能找到陸地。

「爸，我好像看到了什麼。」我說。

「好吧孩子，」他答的很實際，「孩子，如果是陸地，那就一定得飛過去。」

「沒關係，只是艘帆船……」

我只好移開視線，但又馬上停了下來。等等，一艘帆船，有帆船的地方，通常有……

「陸地！」我欣喜若狂地喊道，這時雲層中出現了一個洞，足以辨認出鬱鬱蔥蔥的綠色大地。我毫不猶豫的飛了過去。

以後跟朋友講起這段故事時，我應該會說得像是第二次世界大戰裡的英雄博因頓（Pappy Boyington），像他一樣駕駛海盜式戰鬥機從陽光中翻滾而出、打擊毫無戒心的日本零式戰鬥機中隊那樣驚險。我們的飛機經過高速下降，無線電終於接上了快急瘋了的大開曼島空中交通管制員。

「N-5411-Y加油……N-5411-Y加油啊……」

「這裡是N-5411-Y，」我們回答道，「前進。」

「天啊，我們整個島都聽到你們的聲音了。現在情況如何？飛機還是沒有動力？」背景中小聲播放著雷鬼樂，說實話當他們聽到我們回應時，我都能想像著他們揮舞著大麻煙高興的抽起來的樣子。

「塔台，我們的飛機沒有動力，」我父親面無表情地回答。「預備衝場飛越，請求確認起落架是否放下。」

「確認無誤。感謝老天！機上有多少人？」

父親臉上終於有了一絲笑容，我也鬆了口氣笑了。

「五個人……機上有五個人。」他對著幾乎快要沒電的無線電說著。

我很高興把我的任務交給父親接手，儘管我的雙手握的太緊，已經僵住很難從駕駛盤移開。他在飛機飛越時讓機腹部稍微側翻，以便塔台看清楚起落架的狀態，才好確認情況告訴我們，結果起落架並未放下。接著父親指導我如何使用腳邊的橫桿幫浦打氣放下起落架，這是我人生中第一次也是最後一次這樣做。不久後我們完美的著陸了，起落架沒問題大家都鬆了一口氣。我們滑行到達終點，停在一名地勤人員身邊，他如常的幫我們放上輪擋，好像什麼都沒發生過，彷彿我們不曾經歷過加勒比海迫降危機一樣。

那天下午剩下的時間，都花在向大開曼島機場官員解釋過程，還有修理飛機。這次的缺電是因為交流發電機故障，後來有個親切的修護員幫忙換了條新電線，解決了這個問題。我們一邊消化這一路上發生的事情，一邊吃喝談笑度過了那個夜晚。我記得那天晚上和我父親一起坐在桌邊喝啤酒。我們父子以前就有一起喝過酒，但這次不太一樣。這一夜我們把酒瓶碰在一起，舉瓶豪飲。他大聲說笑，細數著他空中冒險事蹟。我到後來才真正明白，父親那時所展現的正是壓力下的氣度，從那天起，他在我心目中的地位又是更不同以往了。他是一個生命經歷何等偉大豐富的人，而我只能望其項背。這次危機中我坐在他身邊，與他並肩飛行，冷靜地和他一起找出解決之道。那天他需要我，而我也許也是第一次意識到，自己是多麼迫切的需要他。

第二天，帶著一週的備品和一顆感恩的心，花了三十分鐘飛往小開曼島，終於到達了我們預定的目的地。那次短程飛行十分愉快，我們的手在控制器上平穩的一起移動，熟悉的儀表板又回來了。那時我就知道前一天的事件已經徹底的改變了自己。過去那些年來為了要證明自我、尋找自我，過自己要的日子，對父親產生的那種隱而不現的叛逆、反對的心，已經一去不復返。我放棄了去唸醫學院的那種自我抗拒，這一切都煙消雲散了。接下來那幾個月和他相處的時光，是我最喜歡的日子，也是我人生中最有意義的一段時光。

那時我們坐在駕駛艙裡笑著、並肩翱翔，一起探索未知的大地、一草一木，我感受到的是無窮無盡的時間，還有那無邊無際的人生。當我們準備進場排隊降落時，燦爛的太陽在我們身後升起。那裡沒有塔台，所以我們只是簡單的相互確認、環顧四周檢視機外情況。當我們把發動機節流時，飛機空速下降，機鼻緩慢放下。在飛機下方，我們越過了樹木，接著是灌木叢，最後變成了草地，最後只看到路面上的兩條壓痕。我們那時正在滑行，此時兩人靜默無聲。我有點忘記是我們兩個之中的誰，在看到兩邊地面平行時仰轉機鼻，在我回神之前我們已經平安著陸，再次安全返回地面。

十三：憤怒

「維持三百！準備電擊！」

當心臟電擊器的電流通過身體時，患者抽搐了起來。原本手術鋪巾鬆鬆的蓋在她脖子上的傷口，不知何時滑到了地上，只剩部分手術鋪巾還蓋在身上。

沒變化，仍有心室纖維顫動，心律不整。生理監視器警報再次響起。

「把電流調高到三百六十焦耳！」我拉高聲音指揮著，「準備電擊！」

她再次抽搐了。

沒有變化。

「再來一次！準備電擊！」

但這次電擊後，生理監視器開始能追踪到心跳發出聲響，她的心跳恢復了。

「心電圖正常！」一個聲音從手術床頭傳來。

「天啊，太好了。」站在我對面的刷手技術員唸著，我們倆都全副武裝穿著手術袍、戴著手套，當大家發現病人心跳停止時，本來他手裡拿著的器械有些被掛回牆上，有些在忙著急救時碰掉在地上匡啷作響。

我低下頭看著病人胸部烙上了輕微的紅色燒傷，在電擊器第一次接觸的部位。當我急著扯開手術鋪巾時，忘記先在電擊板上塗上凝膠。對一個經驗相對豐富的資深住院醫師來說，這的確是個菜鳥行為，幸好值班護士馬上拿來導電凝膠。

我心想**這和電視劇可不同**，影集裡的醫師會充滿自信的擠上凝膠，接著將兩邊電擊板相互抹勻，然後電一下就能救醒病人。

我抬頭看著手術室生理監視器上穩定下來的節奏，她的血壓正在回升。我回過神來發現手術室裡一張張臉都盯著我、等著我的口令。

我愣了一下說：「嗯，大家辛苦了，」然後對值班護士說：「謝謝妳的凝膠。」

躺在手術台上的是五十歲的女性，剛剛這場電擊讓她恢復了生命跡象。她脖子上還有倉促縫合的傷口，蓋在上面的毛巾開始有血跡暈開，她的血液循環恢復了，在急救時來不及縫好的切口開始冒出血了。時間倒回幾分鐘前，我正在仔細剝離頸部外側帶狀的胸鎖乳突肌，要穿過頸動脈鞘把她的頸動脈分離。一旦剝離完成準備妥當，帶我的主治醫師就會加入，和我一起做頸動脈內膜切除手術，如同我們之前合作過的無數次那樣。我本來是來享受這個過程的，這手術做來乾淨俐落又快，而且長期來看對患者健康幫助很大。

這手術已有三十多年的歷史，可以讓大腦恢復到有足夠血流，再加上服用抗凝血劑，有助於預防再次中風，尤其是首次中風的患者。這些年來，頸動脈內膜切除手術（carotid endarterectomy）相關的研究，幾乎勝過所有其他外科手術。有相關數據能決定何時做、什麼情況應該接受手術，現在還有更新的技術，能在血管內放入支架。根據手術特性不同，方式也會有所變化。有各種研究能提供治療參考，可以考慮去除頸動脈壁內的膽固醇和阻塞的鈣化斑塊後，再縫上人工網膜擴大動脈；或是在修補過程中裝上分流器，讓血流繞過塞住的血管流向腦部。連手術使用顯微鏡能否降低術後中風機率，也都有相關研究。多年來心血管和神經外科醫生、專家們及學術團體爭相競逐終日不歇，這場戰爭伴隨著其他研究還在繼續。

但回到手術室、拋開這些研究，我們用夾子暫時固定這個病人的傷口，她的傷處有成千個出血點，而且動脈內膜切除術也還沒做。怎麼辦？我忍住了壓力，撐到我的主治醫師走進手術室。

「天啊，這到底是在搞什麼？」他一邊說著，氣急敗壞的走進手術室。

我們解釋了整個過程，至少是可以拼湊起來的部分。手術整備、鋪好洞巾，一直到劃開頸部時，一切都還很順利，那時她的心電圖也還很正常。結果突然間，她心電圖T波高度降低直到完全倒置，呈現出心臟供血不足的現象，然後心室上心搏過速，最後演變成心房顫動。他盯著生理監視器確認心律已經恢復正常後，指示我先縫合病人，並儘快轉到心臟科評估。

「那頸動脈呢……」我問。

「別管這個，」他說，「只要電擊四次就可以恢復心跳。去心臟科看看她的心臟到底是怎麼回事。」

我縫合完切口後，她被轉去心臟科心導管室做血管造影檢查。血管造影技術已不再像過去那麼遙不可及，幾乎任何器官都可以做，最常見的是心血管，其次是腦血管。她在心導管室做檢查時，冠狀動脈血管有幾個狹窄區域被放入支架，因為術前問診時她沒有任何症狀，因此術前院方並不知道有這個情況。經過了漫長繁瑣的一天後，她被送進重症加護病房照護，等身體恢復以後才能準備下一次手術。她的心臟科醫師坐在護理站，長筒靴子靠在旁邊的椅子上，一邊寫著術後紀錄。他描述了心導管室裡發生的事情，並註明他和家屬談過了。

她的丈夫看來和她年齡相仿，還有兩個看起來二十出頭的兒子，家屬們對這個消息並不滿意，事實上他們很生氣。對我們外科很生氣、對心臟科感到憤怒、對麻醉師很不滿、對整個醫療系統都很惱火。那晚花了不少時間才安撫了他們，最後說服他們到醫院附近的旅館休息，由院方承擔費用。接下來幾天，他們一直頗有距離，彷彿在策劃著什麼行動。我聽說他們還拍照存證，就是那個心臟電擊造成燒傷的部位，但那個紅腫正在消退。這是個不幸的事件，尤其對我來說特別感到震撼，但能把患者從鬼門關拉回來，仍屬萬幸。

「他們難道不能稍微覺得感恩嗎？」我問帶我的主治醫師。這是我第一次如此真切的看到患者家屬這種原始情緒。

「嗯，她的治療還沒完，當人遇到事與願違的狀況時，是容易壓力倍增。每個人面對未知的方式都不一樣。也不是沒看過像這個家庭一樣，對醫療系統缺乏信任的人，」他繼續說道，「不要放在心上，你真的需要放開些。」

有了這樣的心理建設，我開始積極的找家屬解釋。這似乎讓他們的心情稍微放鬆了一點，甚至開始詢問我的名字和我負責的部分。經過幾天友善的交流，我坐下來再度說明前次手術發生的問題，以及為何需要二次手術。計畫會在兩天內做第二次手術，醫療團隊都認同她頸動脈狹窄的問題是需要處理，病人本人也沒有意見，也很信任院方，她只問了幾個問題。

「我相信你們，」她笑著說，「你們已經救活我一次了。」

隔天我和帶我的主治醫師一起幫另一位患者做手術，我們在手術室裡花了不少時間。那是腦部深處的腫瘤切除手術，是在中午時分開始的，完成時都已經晚上了。當人完全專注在當下時，不會感到時間流逝。手術完成那當下，坦白說我們感到很滿意，剛要開始縫合，緊急電話就打進來了，那時手術室還播放著輕音樂。

我們的頸動脈患者心跳又停了。

我擦洗後趕快過去，加護病房團隊正在努力的急救，但她人已經插管，躺在床上沒有反應。有人在幫她做心肺復甦術，這次沒有救回來，無論電擊或是用藥，心電圖始終呈現一條直線。前一刻她還吃著晚飯人好好的，下一刻就心室顫動，接著就沒了反應，然後心跳就停了。

我能想到的第一件事，就是要通知她的家人。我去加護病房候診室找不到人，打給家屬但旅館房間無人接聽，只好再回到手術室把原本的開顱手術做完。

一個多小時後，我們做完手術。（這邊還得強調，術後需要一些時間讓硬腦膜閉合，更換人工頭板，而且需要多次縫合才能將頭皮層重新組合在一起，不是一步到位。）我把病人送到加護病房，與那個家庭交談，然後再次四處張望找尋那位往生病人的家屬，結果還是沒看到人。遍尋不著的我只好去換衣服，打算去巡一下其他病人，確認都沒問題以後準備離院。直到晚上十點左右我正要離開醫院。

當我看到病患家屬在長廊的另一端靠停車場那頭，朝著我走過來的時候，我注意到夜已深，大廳裡空無一人。我記得看到長廊盡頭那紅色出口標示下，門後是他們的身影，他們堵在往停車場的出口，一看到我就朝著我飛奔過來。

我還記得那時腦中閃過的念頭，是要告訴他們病人不幸死亡的事。

當他們接近時，有人對我大吼大叫：「你這個王八蛋！」

噢……糟了。

很快他們就出現在我眼前。

「我很遺憾，」我說，「不久前她離世了……」

「我們知道她已經死了，你這個瘋子。」他們三個圍著我。

我記得自己急急的說著話，我記得我不停的在道歉。然後我記得我盡可能的快步走過大廳，沒入黑暗的夜色裡。

一段時間過後我人坐在車裡，離醫院已經有兩條街那麼遠。我回想第一次是怎麼幫她急救的，後來雖然做了這麼多努力，結果她還是死了。我很生氣。我氣病人死了。我氣那些責怪我的家屬老是糾纏著我不放。他們到底想幹什麼？

我伸出拳頭用力搥打著方向盤，都見鬼去吧這一切。

回到家時妻子已經就寢，這情況已經是我們的日常。就算是換到附近的私人醫院上班，我還是很難得能在晚上九點前回到家，我踉踉蹌蹌地躺到床上睡覺。有一度我聽到砰的一聲甩車門的聲音，但隨便吧，不管他們想對我幹嘛我都已經無所謂了。

第二天早上六點我到了醫院上班，前一晚的膽顫心驚，隨著新的一天開始漸漸淡去。我在院內遇到的第一個人，是那位穿長筒靴的心臟科醫師，他曾經幫那位往生的病人裝了好幾根心臟支架。

「昨晚的事你聽說了嗎？」他問我。

我開始講起前一晚那些家屬是如何包圍我，而我又是如何感到危險而逃跑的。

我說自己從來沒被病患家屬這樣對待過，滔滔的說著直到他打斷了我。

「不，不，不是那個，」他說，「他們闖進了手術中的開刀房。」

「蛤？什麼？」我傻眼了。「他們穿著手術服沒戴口罩，闖進了骨科手術室裡。天啊這些人真是怪胎，你知道保全把他們拉出來之前，他們嘴裡喊的是什麼嗎？」

我無言了。這事情應該是發生在他們堵完我以後。

「這就是醫院殺人的地方嗎？當保全把那一家子拉出來的時候，他們就是這麼喊叫的。」

死亡是深不可測的，即使清楚物理過程，那仍然是人類最深的謎團，因此有人難以接受也不奇怪，像我就很難接受。但直到那天晚上，我才切身感受到那種程度的盛怒。自此以後，我再也不敢低估家屬在壓力下可能會有的強烈反應。有時那並不只是悲傷，它甚至有可能是憤怒和仇恨。在我職業生涯的後期，我曾遭到網路霸凌，有憤怒的家長搞到我的醫療執照遭到調查，還好最後證實清白；我甚至曾經收到過威脅，說我的醫院會出事。但這都比不上那個晚上，我獨自一人被憤怒的家屬包圍在長長的、黑暗的大廳裡，他們眼裡只想為家人的死報仇雪恨。我意識到我的白袍、我的地位、我錯誤的卑微如同我那一聲聲的道歉同樣脆弱，在激憤的人面前保護不了自己。

十四：交棒

所有外科醫生都有導師。當人陷入困境時，腦海裡清楚浮現、最能解救自己的，總是導師的箴言。

在杜克大學住院醫師訓練期間，我最有名的導師之一是提姆．喬治（Tim George），一位新晉的小兒神經外科醫生，當時提姆剛完成訓練，杜克大學是他的第一個教職。住院醫師們很快就見識到他才華橫溢以及溝通無礙的一面。他讓身邊的人都獲益良多，他的病人當然愛他，他的手術室工作人員也很愛他，尤其是那些負責運送病人、做消毒、進病房執行醫囑的醫護人員，與他更是連成一氣。提姆就是這麼成功的黑人，他不諱言自己在紐約布朗克斯長大，喜歡家鄉與北卡羅來納州之間鮮明的對比。他還喜歡把他在紐約的成長經歷拿來和我在密西西比州的成長經歷相比，沒事的時候還會模仿我的南部口音弄的大家捧腹大笑；我會說：「底（遞）給我止血鉗，我只是個鄉下神經外科醫生，奴（努）力完成每一天的工作。」

每天早上提姆為手術室帶來輕鬆平和的感覺，瀰漫在整個空間裡。想到提姆的活力，再想想其他手術室的高壓環境，要選哪間手術室訓練這決定下得很容易。兒科手術不論是過去或是現在都很有挑戰性，小孩不僅是身體解剖結構小，還會隨著發育產生變化，而且病人父母和家人所施加的壓力更不用說，這完全可以理解。但不知道為什麼，有提姆在的手術室，氣氛就是比較和緩。身為一名初出茅廬的神經外科醫師，在受訓的這些年裡免不了長時間與壓力共處，所以任何壓力管理方式都很值得學習。

身為一名神經外科住院醫師，可能會遇到要向急診室旁的老人家說明，她丈夫腦出血可能救不活、藥石罔效。接著還可能被叫到兒科加護病房，將救命的引流管插入顱壓過高、瀕死的幼童腦袋裡，完成後觀察幾分鐘等孩子睜開眼睛，再安慰的握著她父母的手。這一切可能就在一個小時裡，在這短短一個小時裡，什麼都可能會發生。這樣的生活日復一日、年復一年，直到七年訓練終於完成。這樣的磨練，特別是如此高強度又需要面對難以言喻的人生真理，對我們來說是無休無止的。

最終我們別無選擇，只能學會如何承受壓力。每隔三天輪班全日待命，這讓我們不是處於待命狀態、就是剛待命完，或是準備待命，也確實是如此，還要持續六年之久。呼叫器每次響起，都會妨礙我們手術，有時也會需要回電，無論是回給創傷外科、加護病房、護士提問，或是其他醫生諮詢。不管我們是否正屏氣凝神，專心的用顯微鏡或內視鏡遊走在眼前那錯綜複雜的世界，下一刻就得把注意力從手術台上移開，要嘛得請輪班護士轉達回覆，要嘛很不方便的把頭靠在刷手區的電話上，為了避免污染儘量只把耳朵貼在聽筒上，又或者有時得乾脆清潔、離開手術室去解決問題。

身為一名住院醫師，處理手術室外的大小麻煩，那花掉的每一分鐘都有其代價。必須要懂得危機處理，遇到同時冒出六、七件事情時，得要能又快又仔細的去考慮每件事，分門別類依照嚴重程度排序處理，避免問題越堆越多。慢慢的，這種快速處理問題的模式變成了日常，除了處理病人身體上的問題，當然也包括處理不安和難過的情緒。零零總總這些事情全部都在，但這就是我們的選擇，我們想成為神經外科醫生。手術風險高，要承擔的壓力就是有些病人可能救不回來。神經外科這種大喜大悲，慢慢的，幾乎會讓人上癮。難過是不夠的，必須是令人心碎的悲痛，沒有盡全力的人不配沮喪，開心換作了狂喜。比起告訴家屬他們心愛的家人終將醒來活著出院，聽見「謝謝醫生，感謝您一路上做出的所有犧牲。」與朋友的小聚時刻就顯得相形見絀。

現今對病人負責的醫護人員，有時會落得「精疲力盡」加上「心理創傷」。這很不好，再加上長期睡眠不足，還有處於試探猜測的環境裡，可能會開始對周圍的人失去信任，不斷的與生死拔河會從根本上改變一個人。信任變成懷疑、關心改為厭惡，但回到一開始的情緒，其實只是生氣和內疚而已。

當我回想每週工作一百五十小時，還得無休無止不斷處理事情，那種對抗和憤怒的情緒逐漸淹沒了對同事的理解與關懷，我很清楚身為神經外科住院醫師，我們所有人都是生活在這樣的環境裡。

但就在這一片黑暗之中，我看著提姆，看到有人帶著完整的人性走出來。他是位成功的外科醫生，工作之餘也交朋友、熱愛家人，而且真誠的享受與患者在一起的時光。跟著住院醫師訓練的過程一步步走下去，我不知道自己是否能走完，但無論結果如何，我都希望最後能保留一些人性。提姆是怎樣的，我就想成為那樣。

住院醫師訓練期間有個早上，首席住院醫師將我分配到提姆的手術室，我遲到了幾分鐘才進去處理當天第一個手術。我冷漠、惱怒、心煩意亂。前一晚輪班待命後，首席住院醫師命令我「振作起來」，但那沒用。當手術房裡沒地方放東西時，我把單肩包甩在櫃子旁邊的地板上，這不是做神經外科手術的理想狀態。手術室裡有位年輕的技術員很崇拜提姆，他喜歡和我們兩人一起工作，我也很喜歡他。但不知為何，我會為一些無關緊要的小事與他起衝突，多年後，我已記不得究竟是為了什麼事情了。

但不論我做什麼都振作不起來，因為前晚剛有病人在我手裡死亡，人生中的第一次。

一名二十五歲的年輕人被意外流彈擊中身亡，子彈是某個狂歡派對的人亂發射的。子彈從他的頭頂進入貫穿額葉，穿過顱底的海綿竇時切傷內頸動脈，那是條直達心臟的主要動脈，海綿竇更是靜脈血管匯集之地。在準備腦部緊急手術時得剃頭髮，當時只要傷口稍微沒壓到，一股血液馬上從彈孔噴出來。傷口壓力之大，能把血液從頭骨底部穿越大腦的彈道，沖到頭頂直接噴射出來。

迅速切開頭皮後立刻顱骨鑽孔、打開硬腦膜，這個過程一般可能得花上三十分鐘，但在這麼緊急的情況下只用了三分鐘，我倉促的放了兩個常用的額葉下方皮瓣牽引器，讓受傷部位的血管露出來。這麼小的一個洞，噴出的血量十分驚人。血液噴在我的臉上和手術放大鏡上。在出血處加壓沒有用，用緊實的棉球塞住也沒用，血液不斷湧出，泊泊的淹過了腦部另一側。

想起那天晚上，我想到了湯姆．沃爾夫（Tom Wolfe）寫的《太空先鋒》（*The Right Stuff*）裡的台詞：

> 接下來該怎麼做？怎麼看戰鬥機飛行員優不優秀，就是當狀況不對時，他會對著通話器講什麼？當然不是禱告，而是說：我試過方案一！我試過方案二！我試過方案三！我試過方案四！告訴我，還有什麼方法可以試！

在最後一次努力急救卻只能勉強縫上一針後，血液開始從我的器械周圍漫出，一直滿到他的額葉上方，突然間，我看到血變成了水。前一秒還是紅色，然後帶點水，接著流出來的液體變得澄清透明。就在我絕望的試遍所有止血方法時，他的血已經完全流乾了，後來流出來的，已經是清澈的靜脈點滴液了，接著就是心電監測器上扁平的一條線，還有那長長不間斷的警報聲。我抬起頭看到其他人都還在，我不明白他們為什麼停下來，最後麻醉師不得不把我拉走，對，就像你在電影中看到的那樣。

這一切發生得如此之快，神經外科主治醫師是那晚的待命主管，他甚至都還來不及進手術室。這是我第一次遇到患者死亡，我前面沒有任何保護層，沒有人幫忙承擔責任，沒有主治醫師。只有我，胡亂擺動著雙臂。**告訴我，還有什麼方法可以試的！**那時還是個醫學生的我，那個嚮往著輝煌的神經外科手術生涯的我，向手術室窗口瞥了一眼。護士告訴我沒有家屬，沒有人在他身邊，沒有任何親朋好友的連絡資訊。那是個手機還沒出現的年代，沒有可以聯繫的人，只有這個突然身亡的年輕人，而我盡了力卻無法止住血。

在他被宣告死亡、屍體從手術室運到停屍間後，我走進空蕩蕩的更衣室脫掉手術服，那件被血浸透、又濕又粘的手術服。我脫掉也被血浸透的平口褲扔進垃圾桶，然後到淋浴間沖洗，看著濃稠的血液順著身體流下，把淋浴地板染成了紅色。

那天早上我走回手術室時，提姆本來可以訓斥我遲到或是態度不佳：**難道你不懂什麼叫敬業嗎？**相反的，當麻醉師幫病人麻醉時，他抽了個空檔帶我到大廳，好好的問我發生了什麼事。我們兩人坐下來，他聽著我講述了幾個小時前我在手術室的那片血腥，然後他別過頭去，彷彿也憶起自己在訓練過程中經歷過的情況。我們談了幾分鐘，等我準備好以後，我們一起回到手術室，去看下一個需要我們幫助的病人。

「你昨晚已經為那個年輕人盡了全力，」他告訴我，「不論送到哪裡他都不可能得到更好的醫療。我們無法拯救每一個送進手術室的人，不過我們可以盡力，現在就有個八歲男孩需要你專心。」

提姆知道走出情緒的第一步，是正視難過的情緒，然後全神貫注在下一位病人，專心思考如何治療。他帶著我走出來，這也是唯一的出路。從那以後的幾年裡，我一遍遍的溫習著提姆教會我的事。

—

最近有個小女孩被緊急送進開刀房，具體情況不明只知道她中槍，情況和幾年前那個患者類似，住院醫師只要一把手從傷口上移開，她頭上就噴出一股鮮血。我很清楚這是什麼情況，這表示大腦裡有條主要血管破了，患者快要死了，唯一的希望就是趕緊進手術室止血。這件事發生在早上七點，剛好是那天的第一刀，最好的神經外科團隊正在神經外科手術房準備，托盤就位、手術室備妥，每個人都全神貫注，其他成員也過來幫忙準備器械和儀器，這個因奉獻精神屢受讚揚的團隊，全體動員起來。

可是這樣還遠遠不夠。我們盡了最大的努力止血，但她的大腦開始不斷腫脹，從打開的頭骨向外溢出。看來是救不回來了，她可能都撐不到下手術台見家人最後一面。但事情就是這麼剛好，我們還是迅速的處理好傷口，然後把她帶到兒科加護病房，讓家人能圍著她的病床道別。正當家屬圍過來時，我走開了。我們沒能把人救回來，但也沒有理由摻和進他們的悲痛之中。

我再回到手術室時，整個團隊鴉雀無聲，顯然是情緒受到影響。病房周圍的監視器上，還有地板上的血跡都被擦洗掉了，用過的器械托盤也正在收拾。手術房很快就重新準備好要接下一個手術：為第一型琪亞里（Chiari）畸形的少年動刀。有危及性命的嚴重頭痛症狀，而且因為先天性畸形惡化，導致部分大腦受到壓迫。只需要動一次刀，成功的話能讓他恢復正常生活。

我還記得多年前提姆鼓勵我的那段往事。我要手術室裡的每個人都注意聽我說，八雙嚴肅的眼睛停下手邊的工作，抬起頭看著我。

「小女孩有最好的醫療團隊，」我說。

刷手護士別過頭，眼淚開始掉下來。

我繼續說，「她擁有最好的團隊，今天早上手術準備得很完美，所有狀態都是最好的，但即使做到一百分，有時也改變不了結果。剛才你們每個人都把自己的工作發揮到了極致。」

提姆的話浮現在我的腦海，我說：「我們無法拯救每一個送進手術室的人，不過我們可以盡力……」

我回想起很久以前那天的早上，當他一邊鼓勵我一邊回想過往經歷時的表情。「現在有一個孩子需要我們，」我繼續說，「我們可以讓他的生活變得更好。我保證在這個過程中，在治療他的過程中，我們自己也會痊癒，得到繼續前進的勇氣。」

——

這些年來提姆和我時不時會有交集，我們的團隊會在各種全國會議上碰到。我們相互約定要找時間聚一聚喝杯啤酒，但可惜我們很少剛好在同一個城市，所以這個約從沒實現過。然後是一通電話，提姆突然死了。他只有五十多歲，這天來的太早了。消息是從一位老朋友那裡傳來的，大家都知道這對我會是個重大打擊，而朋友之中他是那個自願打電話給我的人，很快這個消息隨後也在小小的兒童神經外科社群傳開了。大家都知道耐力賽車是他的嗜好之一，而且他也在大小賽事裡取得相當的成就。這次在比賽中，他透過無線電對講機說身體不舒服，接下來無線電就沒聲音了。他本該駛離賽道進入維修區，但是車開過去卻沒進去，就停在指定的位置旁邊再沒反應。人送到當地的急診室後，他被宣告死亡。這對他的家人、他的病人、他的車友們，以及我們小兒神經外科社群，都是一個沉重的打擊。

接受了這個悲痛的消息以後，我馬上決定去德州奧斯汀參加他的追悼會，那是他度過人生最後十年光陰的地方，他在那裡幫助創建醫學院以及兒童醫院。當這趟旅程越來越近，我發現自己心思都在工作上，還沒能預做心理準備，這使我不得不停下來提醒自己，我不是去見他的，我是要去向他說再見，去向一個在我接受嚴酷訓練和考驗時，對我表現出善良和優雅的人說再見，這位前輩有時會把手放在我肩膀上，輕輕的引導我，在我面對掙扎時給我啟發，這些對我早期職業生涯是如此的無可取代。

在飛機上我回想著生命裡，曾經出現許許多多像提姆這樣的人，可以一路追溯到我的童年。人生路上有這些貴人相助，像接力一樣一個接著另一個，伴隨我直到現在。從我的父母開始，到熱情的英國文學教授，從帶我的外科醫生，到頗具影響力的系主任，我回想著人生中的每一段，內心迴盪出深深的感激。很難想像一路上如果沒有這些導師的幫助，如果每一步都得靠自己，那得多花上多少力氣，而這條路也會更黯淡、更不確定。

但事實上我並不是一個人走在黑暗的路上，我們這個領域大部分的人也不是如此。在小兒神經外科醫師的養成過程中，會有充足的機會讓我們找到導師，一位我們想要效仿的人……看到他切除了那個腫瘤嗎？史詩級的大作！我們這個領域的人，會花很多時間和導師在一起，跟在他們身邊工作，說說笑笑、分享他們的成功和失敗，成為他們生活中的一小部分。訓練期間也會慢慢認識他們的孩子和另一半，夠幸運的話，還能瞥見在他們自己的養成過程裡，幫助過他們的那些貴人。

在這個過程中，我了解到身為一九六〇到七〇這年代的黑人，提姆遇到的貴人其實比我少很多，這是我根本想像不到的。在布魯克林（Brooklyn）長大，尤其是在他那個年代，提姆能感受到的，是一般社會對黑人的偏見，還有難以跨越的障礙。然而提姆還是努力進入哥倫比亞大學，然後到紐約大學醫學院、耶魯大學和西北大學接受神經外科培訓，始終堅持不懈跨越界線。他的第一份工作是在杜克大學當助理教授，十年後他前往德州奧斯汀，幫助地方兒童醫院發展、成立新的醫學中心。這一路上，每個階段他都指導了無數學生、住院醫師和年輕的教師。對他來說，沒有什麼比啟發黑人兒童對醫學的興趣更有意義的工作了，這些年來他也因為相關貢獻屢次受到表揚。

我在兩所醫學院授課，有將近二十年指導住院醫師的經驗。即使退下主任職務以後，住院醫師們還是會在周六早上喝咖啡時逗我開心，我會利用白板畫流程圖、和他們討論職涯規劃，每次都會談到找指導醫師這個話題，如何尋找到人品醫術俱佳的前輩，學習並吸收他們的長處，事前思考規劃和實際臨床訓練花的時間是一樣長的。資深醫師們把這分同理心不斷傳承下去，有時當我坐在住院醫師身邊，幫助他面對病患的死亡時，也會不禁回想起那天，那個提姆幫助我釋放內心壓抑的早晨。

那時的我有人陪在身旁傾聽，幫我把注意力集中到下一個待處理的病例上。**轉換心情的確很難，但身為醫生得要能做到，必須振作起來。**

當我還是年輕住院醫師時，提姆會一針一針的示範如何縫合硬腦膜，他會邊縫邊說「就像這樣」。每次都是先完美的示範兩針以後，再交給我接手完成。他慢慢的越教越深入，內容也提升到更高階的外科技巧，比如切除大腦中的癲癇病灶、縫合脊柱裂，還有一些複雜的手術，也漸漸變成教學中的常態。在他的指導下，我的技術越發純熟，而他給我的指示也更加專業、深入。「讓解剖面保持在腫瘤和腦白質之間」或「摘除那條腫瘤供血的血管時，摘得深一點、徹底一點。」如果我做的不到位，他就會像教縫合一樣，先示範給我看。我的外科技巧就是在這個過程中越練越進步，直到後來我獨當一面，做手術時腦海裡仍能隱隱聽到他指引著我的聲音。

我第一次做小兒腦瘤摘除是和提姆一起，也和他共同撰擬了我人生的第一篇學術論文，之後跟隨著他的腳步進入了小兒神經外科，他的個性、他做事的方式深深吸引著我。在住院醫師訓練期間，提姆讓我利用周間夜晚和周末使用他的辦公室，處理研究數據和寫論文。

在他辦公室度過的那些時光似乎在預告著，臨床研究會成為我職業生涯重要的一環。寫論文可沒有治療孩子的那些故事有趣，但是多年前與提姆合寫的第一篇論文，已經被多次引用，又衍生了超過二百五十篇論文。雖然那些論文有好有壞，但這讓我發現除了臨床治療，還有其他方式能夠幫助到更多人，所以在早期職業生涯，在擔任主治神經外科醫生那時，我就開始修課取得流行病學碩士學位。取得那個碩士學位以後，我更加專注在需要神經外科手術的兒童，其種族、社會經濟地位、性別的不同，是否造成醫療可近性的差別。能夠幫助縮小這種差距讓我心滿意足，我想提姆要是知道早年那個他培養的中階住院醫師，能以這樣的方式延續他的心願、讓更多人能傳承下去，也會感到非常欣慰。

某個周末，他辦公桌上方的櫃門半開著，門關不上是因為那上頭夾著一個大信封。我打開後，裡面是一封又一封的信、一張又一張的卡片，然後倒在他的辦公桌上，裡頭是滿滿的、來自四面八方對他說之不盡的謝意，那每一封都代表著一個家庭發自內心最真誠的感謝。裡面有的看來是孩子的筆跡，寫著：給提姆．喬治博士，我的英雄，還畫上他們兩人微笑著手牽手的圖，天空中有個黃色的太陽還有一道彩虹。

提姆去世前，我剛到田納西納許維爾那時，有個來自城裡公立學校的小男孩和他母親來我辦公室，為了學校八年級職業日作業來拜訪我。完成面談時他放下筆抬起頭來，用一個孩子所能鼓起的嚴肅語氣問我：「傑醫師，說真的，有黑人小兒神經外科醫生嗎？」

我指了指他身後辦公室牆上的一張照片。那是提姆和我在培訓期間合拍的，就放在我的辦公桌前方視線範圍。

「當然，」我回答著，「他叫提姆．喬治。他曾經指導過我，現在仍然是我的朋友。」

男孩張大了嘴，他的母親則哭了起來。「寶貝你看，」她說，「只要你願意，夢想真的可以實現。」

十五：破裂

第一次看到萊恩（Ryan），是隔著控制站和血管造影室之間的玻璃窗，他在手術台上睡著了。十四歲那年，他在房裡聽音樂時突然頭痛欲裂，抱著頭跌跌撞撞走進了書房，他爸媽焦急的開車送他去當地醫院，在那裡匆忙完成了斷層掃描，結果顯示大腦與額葉之間有一層薄薄的出血，是蜘蛛網膜下腔出血。這種出血通常表示顱內有動脈瘤破裂，是會危及生命的緊急情況，好發於成年人。第一次出血又稱為前兆性出血，有將近三分之一的死亡率，很多人其實撐不到醫院。動脈瘤原本其實是血管，在壓力下血管壁逐漸撐大、變薄，最終破裂，血液流出滲到大腦周圍的空間。高血壓、膽固醇過高、男性，這些都是成人腦動脈瘤的危險因子，但其實任何人都可能有腦動脈瘤，即使是兒童，孩童罹患腦動脈瘤的原因目前還不清楚。治療成人的同事每周大概看三、四位腦動脈瘤患者，負責兒科的我們，可能一整年就看那麼三、四位。

往返大腦的微小血管位於蜘蛛網膜下的空間，這是個解剖層，通常位於包覆大腦與脊髓空間像是一層保鮮膜狀的蜘蛛網膜下方一公釐處。如果有血液滲出，就會聚集在蜘蛛網膜下方，會刺激到大腦，導致嚴重頭痛、癲癇發作必須就醫，或甚至更嚴重些，會導致死亡。斷層掃描後通常接著血管造影，檢驗方式是用細小的導管穿過腹股溝動脈進入大腦，然後注射顯影劑。利用連續X光圖像造影區分正常和異常血管，然後用來做為治療參考。對於患者或父母而言，這是很嚇人的病，會有生命危險；對於神經外科醫師來說，這表示有大任務來了。

週末萊恩到院的時候，正好是由院裡資深合夥醫師輪班，他接了案子請我第二天早上接手照顧。那時我是院裡最資淺的合夥人，正圖一展長才。起初病人只有嚴重頭痛，神經系統並未受損，聽到這個我就放心了，這表示還有時間了解狀況、規劃療程。在我們一步步確認情況時，合夥人告訴我放射科醫師正在檢查，會有片子和影像紀錄，那位放射科醫師我在拿研究補助那年曾見過。

正如預期的那樣，血管造影顯示在薄血塊中心處有個動脈瘤。它分成兩塊像兩個藍莓那麼大，在大腦前動脈右側遠端形成，衍生出細小的分支。那裡是大腦主要動脈之一，功能是負責腿部運動大腦皮層血流。神經放射科介入治療，打算利用血管造影時的路徑與類似的導管放入金屬軟線圈，從血管內栓塞動脈瘤以預防破裂。這些細小的導線會在動脈瘤的頂部或突出的區域形成塊狀，而原始正常的血管則能保持完整不受影響。動脈瘤突出的部位如果有這類的區塊保護強化，能降低再次破裂的風險。這種稱為血管內栓塞微創手術（neuro-endovascular surgery）的技術，是在我二十年前剛開始行醫那時發展起來的，隨著越來越多的神經外科醫師投入學習，這項技術也越來越盛行，傳統治療腦動脈瘤的方式是開顱手術，而開顱有一定風險會導致病發。萊恩就醫那時血管內栓塞技術還很新，但當時的治療成效普遍不錯，事實上在後來的二十年間，隨著經驗累積技術成熟，絕大多數腦動脈瘤，都是用這種侵入性較小的方式治療，這是革命性的進展。

只不過，在那個時候，革命還沒發生。

「我要做血管栓塞，」放射科醫師跟一旁協助他的技術人員說：「通知家屬。」

我很訝異他決定之前沒先知會我、跟我討論可能的治療方式。我朝著有窗戶的那面牆向裡頭大喊，聲音比我預期的還要大聲有力：「今天早上這個病人是交代給我的，你是有和哪位討論過了，有人同意做血管栓塞嗎？」

他抬起頭，驚訝地看向我。

「哦，那好吧，」他朝著我這邊應了一句，聲音裡帶著怒氣：「我是說可以做血管栓塞。」他抬起頭直勾勾的看著我，「但你的意思是你今天要開顱處理嗎？手術室有準備好嗎？我可是現在就能完成血管栓塞。」

想起二十年前的那一刻時，我真的超想回到過去。

我真希望那時回他說，**我來處理就好。沒錯，晚點我要幫他用手術處理，血管造影檢查完後**

我會和家屬溝通、請手術室準備，要不了多久就會在手術顯微鏡下，把專門設計的鈦金屬動脈瘤夾，小心翼翼的滑到動脈瘤底部，夾住動脈瘤頸讓血液不再流過，這麼做差不多能把腦瘤破裂風險降到零。這我在住院醫師期間就做過了，此後每年做的那幾例都是這般駕輕就熟，幾週後只等萊恩完成物理治療，就能順利回學校上課。

如果那時這樣做，我大概就不會有遺憾了。然後我會開始收到節日賀卡還有他的消息，我會把這些擺在我辦公桌上方的櫃子裡，再然後，他會在我的記憶裡慢慢淡去，就像其他恢復正常生活的孩子一樣，直到變成一個故事、一段過往。

但這不是萊恩的故事，我的回憶也不是如此。

「嗯我可以做手術，」我有些猶豫的說，「但你看起來好像頗有自信，能處理好那個動脈瘤？」我剛當上主治醫師六個星期，其實還沒那麼有自信。

「沒錯，現在就能栓塞好，」他邊說著頭也不抬，「敬請期待。」

大約三十分鐘過後，有八五%的動脈瘤已經處理好，與血液循環隔離開來。血流輸出端的血管還有一部分還沒處理，但那個區域還是可能再次破裂。**儘管這事情已經過去接近二十年，但我腦海裡仍然可以勾勒出那個位置，就在控制室的螢幕上。**

「我不打算栓塞到最後這點，因為這可能會把母血管也塞住。」他的想法是要避免中風，這很容易理解。額外再加線圈去做栓塞，最後這一小塊可能會掉進母血管並且凝結，肯定會引起中風。這個動脈瘤長在右側大腦前動脈上，而那條動脈負責輸送養份給控制左下肢的神經，要是中風的話，左腿就會失去功能。這不是件小事。

他說：「我們等個幾週再做一次血管造影檢查，我敢打賭到時就會好了，這個瘤會整個栓塞、會好起來。」

不！這聽起來很不妙。事後證實不管是栓塞或是開顱治療，留下這麼多動脈瘤區域不處理的風險很高，而且今天下午我可以在脖子的地方放個動脈瘤夾的。

「聽起來不錯。」我回答道。

後來我在自己的迎新派對裡接到了醫院傳來的壞消息，還好我的合作夥伴睿智的安排我輪班待命。

同事一開始聽到來電內容時，雙眼直直的看著我。萊恩在加護病房住了兩週後，已經出醫回家一個星期，後續我們幫他解決了一些症狀，回家後也沒什麼問題，父母也很滿意。但他被送到急診室時人處於昏迷狀態，而且瞳孔放大，這是永久性腦損傷的跡象。他的動脈瘤上原先沒被栓塞的那部分破了，人也差不多快死了。他爸媽發現他躺在床和浴室之間，呼吸急促。

同事和我一起飛車奔回醫院。派對裡有位資深血管神經外科醫生也自願提供幫助，因為這個瘤先前用線圈栓塞處理過，有些東西堵著很難上動脈瘤夾。我很感謝有他在，萊恩的大腦腫起來了，夾子很難夾在兩個半球之間，有線圈在裡面確實很難上動脈瘤夾，還好團隊夥伴另外用夾子夾在我的夾子上幫助夾緊。可惜這並沒有改變結果，病情迅速惡化為腦死，萊恩從此沒有醒來，這一切來的如此快、如此可怕。在他人生的最後幾天，他的家人在加護病房裡貼滿了小時候的照片，他們心愛的孩子原本還是個運動員。棒球隊、生日派對、第一次騎自行車、家人和朋友的筆記與卡片，滿滿的貼在病房牆壁上。愛、溫暖、家人、信仰和朋友從四面八方包圍這張病床。

我一直無法擺脫對萊恩死亡的愧疚，因為我在我當說、應做的時候沒能堅持，我辜負了他。不管結果是否一樣，就算是，我也寧願那是在我依照我受到的訓練、盡了所有努力最後的結果，而不是把他的命運交由別人來決定。在這邊要解釋得清楚點，二十年後的現在，醫界對這兩種手術都有了更深入的了解，我們知道微創手術對許多患者來說是很好的選擇，而且它也如預期那樣可以大大降低術後發病率。以現今技術，患者通常術後觀察一天就能回家，早點回到工作崗位、更快恢復生活。但我們也知道，這麼做只能部分處理動脈瘤，無論栓塞手法如何，未來仍有血管破裂的風險。

直到今天我還是想不明白，如果我在最初血管造影檢查那天決定直接手術處理，萊恩的動脈瘤是否就不會再破裂。即使到了現在寫這篇文章的時候，即使有過不管我怎麼做結果都不會改變的念頭，也無法減輕我心裡半分內疚。如果我當下做了手術，後來還是破裂了，那我二十年後，肯定還是會寫一篇與這篇類似的文章。那時就不是懊悔沒能堅持，而是怪自己為什麼要一意孤行了。是人都可能一死，不管是不是小孩子，不管做或不做、祈不祈禱，不管是不是救治到精疲力竭快要倒下的邊緣，他們還是會死，死亡成了日常節奏的一部分。人們可能已經習慣，但我還沒有找到能完全擺脫它的方式。我真希望死亡能消失，但很微妙的，我又很希望它永遠不要消失。沒有它，就不需要我們來守住最後防線，不用再和死神拔河，而我們也不再是原來的我們。

我兒子傑克（Jack）最近剛過了萊恩的年紀，那個我第一次在血管造影室看到他，而他在藍色無菌洞巾下睡著時的年紀。我發現自己現在是真的有點想他了，當我兒子和學校同學在一起，或是和棒球隊合照時，我腦海裡會忍不住浮現萊恩加護病房牆壁上的那些照片。有時當我給兒子、女兒深深的擁抱時，閉上眼睛腦海會浮現那些父母擁抱著孩子的情景，尤其是當他們知道自己孩子病重之後的擁抱。

到了要放手的時候，父母當然傷心欲絕，在這個悲傷的時刻，沒有祈求原諒的空間，請求寬恕讓我減輕內疚。多數時候父母都只想從你身邊走過，想慢慢的忘卻你每天帶來的掙扎和悲傷，因為消息只會越來越糟。猶豫不決會永遠伴隨著我們，而挽救下一個人只是為了彌補上一次的失敗。我慢慢領悟到，醫師都是根據當下掌握的訊息做決定，有時我們做了處理但情況並沒有好轉，或者我們不做處理但情況也沒有不同，但在我寫這篇文章的時候，眼前的螢幕上仍能隱約浮現萊恩的動脈瘤，耳邊也能飄散著很多年前我嘴裡說出的那些話，心裡盼著，就算要到天涯海角，也希望他能原諒我。

十六：父親離開的早晨

多年來我父親在家族裡最為傳頌的故事之一，是他在密西西比州空軍國民警衛隊（Air National Guard, ANG）服役期間的一次重要事蹟。他加入了空軍預備役，在大學校方允許下同時到飛行學校上課。初期即使還沒獲得軍職，他也都會隨警衛隊待命參與飛行任務。到了一九八〇年代中期，他已經在密西西比州的傑克森市擔任主管職，駕駛C-130力士型（Hercules）運輸機。很快他就被授予有軍階的職位，在空軍國民警衛隊第一八六戰術偵察部隊服役，不過隊上最大的問題還是士氣。那個部隊被分配到的是F-4幽靈戰鬥機，那是越戰時期的老式戰鬥轟炸機。當時空軍正用F-15和F-16汰換大部分的舊機，因此國民警衛隊就這樣接收了這批空軍淘汰機，至少當時的認知是這樣的。

此外，這組F-4戰機機鼻砲彈已經卸下，改裝上偵察攝影機，整個單位已經改為偵察單位。因為這種撿大家淘汰機的感覺，再加上武器卸載，讓人感到失去了戰鬥機飛行員的本質，隊上士氣長期低迷渙散，整備不積極成為常態。

對此，我父親用他那源源不絕的開朗，鼓勵大家努力提升自己。父親在早期職業生涯就已經樹立了專業飛行員的形象，他冷靜處理飛行期間遇到的意外，當液壓系統故障導致起落架無法放下時，他在空中放空油箱安全落地。漸漸的，麻煩事到了他手裡都有轉機，解決問題也成為他後來職業生涯的一塊，然後有一天終將交棒到我手上。

他給一八六偵察隊的訊息很簡單，執行任務時飛行員會進入險地戰術偵察，透過情蒐保護地面部隊安全，但只要收到情報，就要馬上駛離。身為指揮官，他期望他們成為整個空軍國民警衛隊中最好的飛行員，因為沒有武器隊員無法靠反擊逃脫，必須依賴飛行技術。但頂尖的飛行員做的就是這個，神鬼飛翔。

他們也真的做到了，小功累積成了大功，他們已經有了最強偵察隊的榮譽感。慢慢的，一八六偵察隊連續獲得國家戰備獎最高分，在世界各地、各類任務裡都有優秀表現，在空軍高階將領和美國參議院之間頗具盛名，是罕見以空軍國民警衛隊身分，達到與全職空軍部隊同等戰備能力的隊伍。十年後父親因為肌萎縮側索硬化症的影響必須退休的那陣子，因為領導一八六偵察隊屢屢建功，還獲頒密西西比木蘭十字勳章（Mississippi Magnolia Cross）。後來美國空軍授予他軍功勳章，這是軍方第七高的勳章，也是他最榮耀的日子。在慶祝他退休的同一天，我母親在他的夾克上別上了第二顆將軍的星星。然後，就這樣，他的軍事生涯、他的飛行，結束了。

我父親在軍事飛行上卓有成就，而這對我的影響遠不止於軍功和處理問題的能力。他年輕的時候，因為家裡只是在密西西比開乾洗店的，要升職總是略過他，好機會也是難得一見。我還記得，當時儘管他有些失落，但仍然保持積極樂觀的態度。他對於能夠飛行總是心懷感激，也積極與身邊的人交流互動，專心致志不斷努力著。我花了一些時間才體悟到，這也許是飛行員父親能教給外科醫生兒子最重要的一件事，少在意成就和他人的讚許，多注重人際關係；少在意職業生涯漫漫長路或者是否步步高升，而是把注意力放在和周圍的人建立良好互動。

在我當住院醫師第二年起，父親的病已經走到了末期。我熬過心裡的悲痛，在他臨終前回家陪他一起過了一星期。家人們包括父親在內，都知道我為什麼回家……為了向他說再見。

頭一年是在看診、急救，還有漫長的工作時間裡度過的，忙碌能暫時壓抑父親被確診和症狀惡化的悲傷。每年有兩次能放一週的假，我都在醫院工作到放假前最後一刻，梅麗莎會收拾好我的行李，到醫院大門的路邊等我，我們差不多都是趕在最後一刻登機。我記得有兩次我手術服都還來不及換，而且褲腳上還沾著血，幸好量不多沒人注意到。不知為何就是有種使命感，讓我願意不顧外表，全心全意貫注在工作上。剛開始訓練那段期間，血液彷彿流淌著一股強大的力量，讓人願意沐浴在一股奉獻的精神裡。我記得我有兩個住院醫師早上八點來做臨床期末考時，才剛去幫一名肝功能衰竭合併咳嗽症狀的患者做腹膜穿刺，來考試的時候身上雖然沾滿了膽汁，卻感到光榮。

我回家前一週，爸爸才剛不情不願的同意了手術放置灌食管，我們所有人都勸他做，包括我在內。但他只願意做這個手術，其他的什麼都不肯，他不想做氣切也不願意戴呼吸器。他知道自己死期不遠了，覺得裝灌食管會讓身邊的人比較容易照顧。不幸的是他對麻醉反應不良，手術過程他的血壓急劇下降，後來被留院觀察了。這也是讓父親的生命走向終點的開端，我甚至不確定他有沒有用過灌食管。

我在神經外科住院醫師期間請了一週假陪他，那是只有在父母、配偶或孩子死亡或瀕危的情況下才能請的特殊休假，而我也只請過這麼一次。說的直接點，我在住院醫師期間沒參加任何婚喪喜慶，即使是後來乾媽意外去世，我也沒能替她扶棺。整整六年的時間裡，我幾乎在親友的視線裡消失。只有一次例外，那是在我當總醫師的最後一年，我的姨子在夏威夷結婚，我請到了一天假，條件是隔天必須返回崗位，後來經過協商好不容易才延成了三天假。

儘管肌萎縮側索硬化症主要影響運動功能而不是思考，但當他的身體漸漸在走下坡的那一週，他的神智也開始變得不怎麼清醒。親友一開始會來看我父母，但自然而然的，變成了來看我母親、我姊姊夏娃和莎拉，只剩我和父親待在一起，一家人最後的團聚。

我離開的那天早上他很清醒，和大家一起說說話。我抓到了個空檔請大家先出去。

我坐在他床邊，低頭看著這個曾經如此強壯的男人，現在躺在病床上一動不動。我手伸進被褥裡拉著靠近我的那隻手，變的小小的，繃著的皮膚下露出的只有肌腱和骨骼，肌肉已經完全萎縮，靠近虎口那塊幾乎完全凹陷。我花了數小時，對他如何輕鬆操控著儀表板、如何讓阿茲提克那樣的飛機也能在跑道上漂亮轉彎、輕盈降落，彷彿從未離開過地面，感到無比驚嘆。

我想起多年前他送給我的那個聽診器，上面刻著他的名字，醫生這個職業，是我為他實現的未竟之夢。在他確診之前，他會聽我講治療病人的故事，患者的病徵和症狀、如何做出診斷，一直到康復。這些年來他很喜歡聽我講故事：救人的喜悅，失去病人的悲傷，以及生死之間的種種。

站在父親的病榻旁，我想起了有一晚我和他坐在車裡，就在我公寓外面，那時的我醫學院即將畢業。在德罕（Durham）的住院醫師訓練正要開始，那幾乎只剩工作的日子正在等著我。我記得我用拳頭搥打著方向盤，我為什麼要這樣做？這怎麼就變成了我唯一的選擇？你為什麼把我推向了這個科系？我的不解、我的憤怒焦點迅速轉移到你為什麼要生病？為什麼是現在？為什麼偏偏是肌萎縮側索硬化症？為什麼你現在得死？然後，最後一句，我為什麼要離開？

父親沉默的坐著。這些話在我們之間的空氣裡迴盪著。我們兩個都在悄悄的落淚，然後互相擁抱了一段時間。這也是我唯一見過，他允許自己沉溺在有增無減的悲傷情緒裡。我們坐在車裡盯著前方看了一會，直到我們其中一人伸手去開門。

之後，我們走回了我的公寓。梅麗莎和她爸媽一起過夜，規劃以後要去德罕。前幾天她和我開始清理家裡，為下個月搬家做準備。公寓裡一片凌亂，我們已經開始處理掉一些衣服和小東西，為北卡羅來納州第一年要住的那十四坪小公寓減量。當父親小心的走下大廳時，我緊緊跟著他。我看著他伸手扶著牆保持平衡。

我看到他走進我們的臥室，我也跟著他進去。在吸地時原本靠著牆的床被挪開，還沒移回原位。在牆壁和床之間的縫隙中，可以清楚地看到聽診器的黑色橡膠管和金屬，他很久以前送給我的那個。回想那段我曾經考慮當心臟科醫師的日子裡，晚上睡覺時我躺在床上聽著梅麗莎的心跳，直到我們都睡著。肯定是那天晚上它從我手中溜掉了，然後消失在視線裡。接著我繼續我自己的生活、選擇我自己的職業，聽診器默默的落在一角，漸漸積上了一層細小的灰塵。

父親讓我把它撿起來遞給他。我看著他用那條一直放在口袋裡的手帕，小心翼翼的擦去積在聽診器上面的灰塵，他的手仔細地在它的表面移動著。他輕輕擦亮了聽頭，這對那時的他不是件容易的事，因為他的雙手已經無力，而且一天不如一天。他的拇指撫摸著刻在上面那條無緣的人生路「醫學博士威倫斯」。然後他小心的把它捲起來放在夾克的側袋裡，很久以前他從那位醫師手上接過以後就是那樣收著。

——

他的手動也不動的被我握住，幾乎完全被我的雙手包覆住，一位護士進出病房嚇了我一跳。

二姊莎拉登記入住，然後看到我站在爸爸床邊握著他的手，她也很快就離開了。

面對著逐漸死亡的陰影，悲傷緩緩降臨，快樂悄悄溜走，如果說在這個過程裡有任何值得安慰的地方，那就是在這一刻了，這個當我在心裡默默對父親寫下最後感謝的一刻。我握住他萎縮的雙手看著他的眼睛，這個閱歷豐富而我還沒來得及全部了解的人、這個讓我走上這條道路的人，我對他只有滿滿的感激之情。他抬頭看著我，笑了。我把他的手放在我的心口，悲傷和感激的心情幾乎要湧出胸膛，當然還有愛。

隔日我搭晚班飛機返回工作崗位，醫院裡緊急救護的步調迅速將我拉回原來的生活。神經外科住院醫師第二年一開始生活很忙，也幸好這麼忙。在治療病患的生死之間，讓人能把注意力從家裡的事情移開。

再下一天，我被指派幫一位十一歲的兒童做手術，他患有先天性小腦延髓下疝畸形，又稱為第一型琪亞里（Chiari I）畸形，這是為了紀念十九世紀後期琪亞里醫師研究這個疾病的貢獻。這個孩子特殊的畸形阻塞了第四腦室的出口，導致脊髓液回流會灌進脊髓中心而不是脊髓周圍，不注意的話後果會很嚴重。在隨後二十五年執業生涯裡，這個手術慢慢成為了我的執業重心，現在已經是我最常做的手術，不過當時我沒有去幫那孩子手術。

那天早上六點值完班後我沒去手術室，總醫師要我到神經外科病房處理腦瘤術後患者的問題。我被前所未見的疲憊所淹沒，隨後也沒有去近在咫尺的手術室，那就只是走下兩層樓而已。身為神經外科住院醫師，睡眠不足對我們來說不是什麼新鮮事。那個時候我們連續兩晚不睡，第三天早上還繼續工作，這種情況不稀奇。

但這次情況不同，四十八小時之前我還在父親的病榻旁，回院後立刻開始長時間輪班。

我馬上躲進護士站後面那間空無一人的休息室，那一刻我根本沒有心情去在乎我該到哪裡或別人排我什麼班，我剛走進護士站後面空蕩蕩的休息室，才在游標閃爍的電腦前的椅子坐下，頭剛趴在櫃檯上瞬間就睡著了。

當人極度疲倦時會迅速進入快速動眼期睡眠，在這種睡眠週期，闔上的眼皮下眼球會不停轉動，然後會做夢，我幾秒鐘就進入這個週期。

我夢見和爸爸一起散步，只有我們兩個人。我們在密西西比南部的老家後院，繞著我小時候會爬著玩的高大木蘭樹走著。後院裡有兩把一九七〇年風格的塑膠椅，他走一走停下腳步坐在椅子上。他看著我伸手攀上了根樹枝，一根接著一根爬，直到我站在那棵樹上，比現實生活中能攀的高度還要高。

突然，一道刺耳的聲音響起。它圍繞著我，又高亢又刺耳。

我從那棵樹的遠處往下看，父親沒有任何反應，好像只有我能聽到。

我把手肘勾在樹枝上雙手摀住耳朵，聲音很吵，真希望它停止，必須停止。

「別吵了！」我終於大聲喊了出來。

我醒了，整個人從椅子上坐直起來。

原來那聲音是我的呼叫器，就在我趴下前放在電腦旁邊。

我剛醒來時有點迷迷糊糊的，人還是很累，只想到了當下。發生了什麼事？有病人情況危險，急診室需要我。**該死，我現在應該在手術室裡。**

我低頭看著呼叫器螢幕上的數字，有點閃躲但又困惑，試著了解上面的訊息到底是什麼。**我睡著時錯過了什麼？我到底在想什麼？**

區域碼是六〇一，那表示是密西西比州南部，然後是一串無法識別的數字。**這啥……？**最後加上了三個數字九一一，這是我家人的訊號。

接下來那幾秒鐘，我迅速將雜亂無章的碎片拼湊起來，瞬間什麼都明白了：**父親的病、身體衰退、最後一週，他斷斷續續的清醒，我們的道別。**我沒有任何心理準備。

在這瞬間，突然間會意過來，父親過世了。

從那個早晨開始直到後續的二十五年裡，那一刻的感覺我從未忘記。那是兩種截然不同的感覺同時發生，那漫長的死亡過程影響了父親和我們，但當死亡最終還是到來時，卻又變的如此突然、如此讓人不知所措，那種刻骨而震驚的悲傷至今仍然無法淡去。

有時我會在病童父母和親人的臉上看到同樣的悲痛，他們的孩子身上發生了可怕、難以挽回的事，而且所有努力都沒有得到任何回報。但這是我第一次親自感受到真正的失落，第一次真正的悲傷。有段時間，每次遇到我們用盡全力卻救不回來的病人，這種感覺都會再次出現。我想我如此努力，或許正是為了避免再次感覺到這種深刻的悲痛。遇到救不回的病人是神經外科的常態，不論過去或現在都一樣。但一次又一次的經歷這些，我漸漸發現悲傷和快樂一樣，都是生命的一部分。的確，愛的越深刻失去的時候就越悲痛。這是一體兩面，單看哪一面，都不會如此真實，悲喜之間是相依相存的。

在他死後多年的夢中，父親還和我一起繞著同一棵木蘭樹散步，一起駕著那台阿茲卡車在雲裡飛翔。夢裡他聽我說我病人的故事，而這些片段也融入了我的生活，變成了我的故事。雖然現實生活裡他從未見過自己的孫子，但在夢裡我們一起坐在後院的老塑膠椅上，看著我的孩子嬉戲玩耍，然後一起走到後院外的花園，我從小玩到大的地方。父親以這種方式活在我的心裡，彌補了因他的逝去而無法親自參與孫子們誕生和受洗，以及與他們相處的歡樂時光，他在那些夢中對我說的話也只能留於夢痕。

我放在辦公桌上的，在〈九十分鐘車程〉裡提到的那張照片，是他站在F-4幽靈式戰機旁邊。他穿著那件橄欖色的飛行服，腋下夾著頭盔和飛行包，隨性的靠在飛機天線上，那條天線從機鼻穿出，與地面平行。他的臉上掛著大大的笑容，比我記憶中的都要大，他的笑容常伴著爽朗的笑聲。天線底部是木製的螺旋槳，誰知道那是哪來的，要稍微思考一下才會注意到，這架高速噴氣式飛機的前錐體上不應該有木製的螺旋槳。我記得和父親在他家的辦公桌抽屜裡第一次找到這張照片時，他的手才剛開始因病萎縮無力，我按照他的意思把找出來的照片分成了幾堆。他告訴我他的首席修護官如何將機鼻上的天線從螺旋槳上卸下來，然後在停機線上等他的時候，他跟我父親說，他終於想出了如何讓這架該死的上校機飛更快的方法，以後別再煩他了。然後就在他們談笑風生的時候，他拍下了我父親的照片，他們都自稱是木蘭民兵指揮官，站在心愛的F-4幽靈式戰機旁邊。他們誰也不知道，那一刻寫下的永恆，會放在上校兒子的桌上，那張照片是與他父親那傳奇的故事間的連結，既能把他拉回現實，又能催促著他前進。

十七：誕生

這個時候嬰兒不該冒出來的。

一個嬰兒剛剛出現在手術區無菌洞巾上方，小小的背部像個娃娃一樣，趴在兩隻戴著手套小心翼翼的手上。新生兒的皮膚呈暗淡的淡藍色，全身佈滿斑。就在幾秒鐘前，我們對子宮內二十六週大的胎兒做脊柱裂修復手術。突然間一道血光，一個小女嬰冒了出來。

胎盤意外脫離子宮壁，而臍帶它本該是條生命線，提供胎兒血液循環，但脫離子宮後血液開始從這裡回流，嬰兒的生命正在消逝。這比正常時間提前了三個月，整個第三孕期都沒了。

迅速夾住切斷臍帶後我看著嬰兒的胸部，甚至連最微弱的起伏都沒有，她躺在脫序的死寂之中。再看一遍手上這個意外出生的小身體，仔細檢查有沒有肺或肝臟或其他器官跑出來。

戴手套的手動了動，一隻幽靈般的白色肢體展開，軟軟地懸在它嬌小的身軀下。

然後，就在這時，嬰兒消失了，被伸進手術區的一雙手包進了毯子裡。我身後已經有一群新生兒科醫生，在收到孩子的那一刻就轉身離開了。

病房裡的聲音又湧了進來，好幾處都有報警，事實上警報聲一下子從四面八方傳來。

「我們需要緊急輸血！」

「我需要腎上腺注射針筒。」

「小心點、小心點。把她弄到這裡，注意保暖……」

「吸這裡，看不出是哪裡在流血！」

一小盤器械在混亂中被碰掉到地上，第二台推車推來時，手術室的門砰地一聲打開了。新生兒科醫師將嬰兒放入保溫箱，透過箱子的輻射熱設計保溫，包著的毯子可以敞開了。不久後嬰兒被送走，消失在牆外。

我轉過身，看到胎盤在空中劃出一道矮矮的弧線，原來是被婦產科醫師匆忙扔進了刷手護士舉起的藍色塑膠盆中。我看著護士小心翼翼的把邊緣折好，然後遞向更遠處伸來的手，然後也消失在手術室裡。我記得最後一次參與分娩手術是在三十年前，當時我還是醫學院學生。手術室人手不斷增加，裡面會有人幫忙抽血檢驗。不，那不對，我印象中的最後一次接生應該是我女兒飛兒，她現在已經十二歲，我記得她平靜的臉，剛出生時她沒有哭，只有輕柔的呼吸聲和喜悅，多麼愉悅。

回到現實的手術台上，孕婦那剖開的子宮湧出血來。這已經不是神經外科能處理的範疇了。

鮮血的味道清晰可聞，手術台傳來一陣低沉的衝撞聲，兩位婦產科醫生拚命的在找出血點止血，鮮血浸濕了地板上的手術鋪巾。兩位醫師的手術袍手臂前半段已經沾滿血跡，口裡喚著縫合線和一些我不太熟悉的大型器械名字。有一刻我聽到他們說要試著保留這位年輕母親的子宮。如果是*我太太，她會怎麼選？要是這發生在我們有孩子之前呢？我們曾經花了五年時間，試過好多次試管嬰兒療程。*

麻醉靜脈點滴管已經開到最大，以便快速注入液體補充流去的體液，並注入促進血壓升高的藥物。但這位母親因為失血過多，陷入了深層的休克。巨大的針筒連接到鼓漲的紅色袋子上，血袋裡的血液被抽出來，俐落的兩個動作就緊急注射進了母體。抽出來、注射進去，抽出來、注射進去。經過幾個循環，血壓不再急劇下降，慢慢穩住了。醫學也只能做到這個程度，我記得很久以前有人在急診室創傷處理區一角這麼跟我說過。*處理失血最好的方法是輸血。*我自己的手術褲上也沾滿了血，我別過臉去雙拳緊握，意識到自己的失敗，那樣的失敗早已透著死亡的味道，正是我當下的寫照。

再次回頭看新生兒科團隊，他們成功為嬰兒插管，然後用小氧氣袋加上面罩人工刺激嬰兒呼吸，那小小的肺部是如此脆弱，呼吸治療師的手指都幾乎只是在氧氣袋輕輕按一下。力道若不控制推入太快，嬰兒的肺部會破裂，反而造成致命性的創傷。

現在有兩條戰線在我周圍肆虐。兩場生與死的戰鬥，在事情轉變的瞬間一起出現。我意識到我還站在那裡，手裡還拿著我的顯微儀器，卻完全派不上用場，我瞬間成了個旁觀者。

我們參與手術的原因是為了修復脊髓，脊柱裂子宮內胎兒手術對患者日後的生活會有很大的幫助。大概十年前我剛接下這份工作時，這還是三大困難胎兒手術之一，那時我其實還不太肯定它的效果，這手術到底能有多成功本身就讓人半信半疑。我想要證明，超越科學論文的證明，我想親自看看結果、去聽聽*他們的故事。*

現在我成了團隊裡不可或缺的一分子。最初發展這套治療方法的醫師諾爾（Noel）英年早逝，還來不及過上退休生活。我代替他全國巡迴演講、發表論文，到世界各地去幫助想要發展這項技術的人，原來重要人物就是抓準了時機。*但聽好了伙計們，當情況糟的不能再糟時，就乾脆學小兒神經外科醫師那樣呆站在原地吧。*

當不同團隊在我身邊來回，我手套上的血液也慢慢乾涸，變得黏乎乎的。我就像個突然冒出來的路人，莫名其妙的獨自出現在這片混亂、吵雜和血泊之中。

我看著我胎兒手術團隊的主要同事，婦幼首席外科醫生凱莉和這次手術團隊的負責人，在子宮壁縫上粗粗的手術線止血，另一位外科醫生則緊緊抓住子宮按壓止血，大家一起拚盡全力救治。

幾分鐘前，手術房裡還安安靜靜的，注意力放在我修復缺陷的螢幕上。我的助手貝卡是神經外科住院醫師第六年，未來注定是要走小兒神經外科的。她最近剛同意在本就漫長的七年住院醫師訓練期後再多留一年，所以距離終點線還有整整兩年的時間。壁掛式的影像監視器，顯示處理病灶的即時影像，但過程並不順利。上週手術時我把每一針都拉好，由她來負責縫合胎兒背部。但今天情況不同，從麻醉誘導開始，這個特殊病例的每一步都充滿挑戰，進度也一直延後。

已經告知了胎兒父母手術風險，同意手術以後就只能勇往直前了。母親生命處於危險之中，如果出了什麼問題，我們會優先救她，然後才是胎兒。她是美容師，先生是資訊技術員，這對夫妻育有兩子，他們透過網路募捐籌到一筆錢，出院後能暫時不用工作在附近休養一陣子，今年也沒辦法費心和兩個孩子過聖誕了，但孩子們很懂事，因為妹妹需要手術。為了這個還未來到這個世界的小女孩，大家都在付出，沒有半分猶豫。

從手術當天早上五點開始，每一項檢查他們都彬彬有禮，非常配合，並且完全相信這項手術是最好的決定，所有的犧牲都值得冒險，覺得我們充滿善意。

婦產科醫生凱莉透過超音波找到最合適的位置，避開子宮壁上血管叢集之處以免大量出血，然後小心的在縫線和縫合器的輔助下剖開子宮。超音波證實胎兒位置旋轉了，背部和手術部位藏在視野看不到的地方，這通常不成問題，但這次當我們試著翻轉回來時，胎兒並沒有在子宮內順利轉動，這個標準動作沒發揮作用。胎兒的手術部位不斷轉回原來位置，我們根本碰不到背部。

那個過程還歷歷在目，終於有人想到辦法，在子宮右側下方插入了兩根手指，我再用鑷子小心的抓住胎兒皮膚中比較強韌的部分，將子宮中的胎兒旋轉過來。

在子宮壁的開口處，看的到尚未充分發育的脊髓隆起，神經組織在表面，比正常情況更分散、更不清楚。*這病例還有哪裡是正常的嗎？*胎兒後段脊髓則是逐漸沒入脊髓管裡。這點倒是清晰可見。一般我們會在暴露部分的周圍做切割，將神經組織（基板）與皮膚分離，以便讓它沉入脊髓中央管中，然後我們會解剖出一層硬腦膜來縫合包住它，不過如果組織太薄，脆弱到像濕紙巾一樣，那就會加上一小塊植體強固。然後我們會小心的在胎兒的背部肌肉和皮膚間，切出手術平面（surgical plane）延伸到身體兩側，讓皮膚能拉到中線縫合缺損處。

但今天這個計畫半分都施展不開。媽媽的血壓幾乎從一開始就不穩，生理監測器斷斷續續的發出警報，麻醉組不斷的在點滴裡加各種藥物調節血壓，病房一角的小兒心臟科醫師看著監測器上的心臟影像，胎兒血流一有問題就馬上示警。

最後我打開羊膜釋放壓力，並開始在平坦的基板周圍切割，把基板跟表面皮膚分開。

警報來自麻醉監視器那一頭，一個平靜的聲音說著：「孕婦血壓飆升，我們正在處理。」

從監測胎兒心跳的心臟科醫師那裡：「我們發現這裡有充盈缺損（filling defect）。」這是早期失血的現象。

基板再次從視野中滑開。*該死，這次手術可能不會成功。*凱莉和我試著把手術部位再轉回來，從胎兒下方輕輕推、上方輕輕拉。

突然間血流從我的手指上沖刷而下，順著指關節往下流。手術放大鏡中血流海嘯席捲了我的視野，幾秒鐘就填滿了整個子宮。

「手術中斷！」凱莉著急的叫著，胎盤已經要從子宮壁上剝離了。

我們的團隊做這項手術已經十年了，但這種情況從沒發生過。意外瞬間襲來，我們就置身其中。事情變的非常棘手，未出生的胎兒性命垂危，孕婦也可能救不回來。母子可能都會死，這項手術可能會因為這個病例被喊停。在手術房裡，我們只有胎兒和那個勇敢的母親，其他什麼都沒有。

我拿著我的小鑷子和小剪刀，血液已經湧到了我的手腕，我手上還抓著胎兒脆弱的背部皮膚。

凱莉實事求是地說：「我們得接生了，傑你必須放手。」

放手吧。

我以前從來沒發生過這個情況，每當生理監視器發出警示、血液越來越多，而手術情況在走下坡時，我已經被訓練向前邁進而不是後退。但現在這個狀況，我確實是被卡住了，無能為力，卡在半路。

「放手吧，傑。」

一個動作，我鬆開了胎兒把手收回，凱莉和她的團隊接手後續。隨著手術器械鋼鐵閃爍，子宮開口擴大，她伸手進去。

血已經止住了，母子情況都穩下來了。凱莉走出手術室和先生溝通，剩下的由其他婦產科醫生和助手接手，有條不紊地縫合腹部，麻醉師那組的氣氛也安靜了許多。沒有警報聲、沒有血腥味，沒有急切的大呼小叫，我聽到有人用緊張的笑小聲回應著。

我看向隔離室，呼吸管正把需要的氧氣打進嬰兒肺部，胸部輕輕的上下起伏著。護士小心的把微劑量的藥物注入呼吸管，靜脈還太細了無法打針。心跳很快，但旁邊的人都冷靜下來了。我看到他們口罩邊緣遮不住的笑容，有人隨意的靠在牆上，一切都正常了。至少對這情況來說現在算是正常的。

我瞬間意識到我還沒縫合背部。

負責院內這類手術的刷手護士梅莉莎看到，就從手術房那一頭對我說：「我還有另一批消毒過的器械可以用。」

手術時大家互相靠近接觸，我身上的無菌長袍早就被污染，但我告訴他們我想幫嬰兒縫好後背再出手術室。**我想完成我的使命**，我現在正在執行任務。

「十五分鐘能搞定嗎？」兒科主治醫師問道，「嬰兒現在狀況穩定，但要是能縫合好的話當然會更好。」

我點點頭然後回去重新刷手，貝卡很有默契的也悄悄地一起去重新刷手。就像我在手術時需要她的幫忙一樣，我了解她也需要大家幫助，幫助她學會怎麼做這個手術，怎麼縫合胎兒的背部，怎麼扮演好神經外科醫師的角色，怎麼在她職務輪替之前做好最後一例胎兒手術，完成住院醫師的專科訓練。

我們在刷手檯前靜默不語，一起進了手術室。梅莉莎把擦手巾遞給我們，接著我們穿上手術袍、戴上手套，準備就緒。

我本能地走向孕婦，走向這一切事故發生時我所站的位置，然後我才意識到走錯，轉向另一角。新生兒團隊清理了一個地方，我們要開始了。

很快我們開始團隊合作一起縫合，我們小心的分別每一層，再用細微的手術線縫合。最後幾針已經呈現在紅潤皮膚上，表面看來稍微皺起，終於完成了。

最後一個問題是沒有適合二十六週嬰兒背部的敷料，過去從來沒這需要。

凱莉在與病人丈夫交談幾分鐘後回到病房。

「我告訴他的第一件事是胎盤早期剝離，所以不得不轉為接生。然後我告訴他現在母女情況都穩下來了，」她回到手術室說，「先生已經從原本的震驚中恢復過來，現在好多了。」

她獨自轉向我，「你認為他問我的第一個問題是什麼？」

我沒答話。貝卡專心的在嬰兒背上敷上小敷料，那是她臨時用一般敷料剪成的。

不知為何我好像能感覺到她要說什麼，而當她吐露那些話時，湧上我心頭的卻是孕婦汩汩的血流和儀器發出的警報聲。當我想放下掙扎時，那種感覺同時也在我心裡流竄。近十年來我們的團隊，這手術室裡的每個人，都付出了不少努力才能走到今天做這項手術。

放手，傑。

「你聽到我說話了嗎，傑？」凱莉問道。

放下吧。

「他問我的第一個問題是背部有沒有縫合。」

十八：密西西比傷痕

「那王八蛋用斧頭砍傷我！」

一個男人衝進急診室，脖子前面按著塊布，身上的衣服沾滿了粘稠的血液。他看起來大概三十歲左右，膚色慘白個頭很大，有舊時代高中橄欖球隊前鋒那種味道。當他瞪大雙眼站在急診室門口時，鮮血從他的指縫間溢出，順著手臂流淌在地板上。他身後的自動門開開關關，在門框裡掙扎著，一輛汽車在黑暗中疾馳而去。

「帶他去四級創傷區！」有個聲音響起。

我只得先放下手邊的工作去創傷處理區。本來我要把一批尿液樣本送去實驗室，只好暫放一旁，哪管手上五個檢體的主人可能藥物篩查陽性、膀胱感染還是懷孕。男人趴在病床上，他的血腳印在病房印的到處都是。

「過來，」一名護士邊說邊試著按住他，「他會失血過多身亡的。」

那是在我唸醫學院四年級，也是最後一年的春天，我選急診醫學實習主要有兩個原因，第一個原因是可以到「針線盒」磨練我的縫合技巧，這是急診科後廳一個沒有窗戶的房間，輪班期間來就診的輕微撕裂傷病例，會讓四年級學生在那裡縫合。這個針線盒是指病房裡面有各種各樣縫線，放在架子上五顏六色的盒子裡，各種形狀的針，各種尺寸的縫線，你能想到的任何工具都有。如果要縫合複雜的眉毛放射狀撕裂傷，可以用六─〇聚丙烯（Prolene）細縫線。縫線旁邊有個釘在牆上與視線齊平的標誌，上面寫著「規則四：不要刮眉毛」，經年累月的，其他規則似乎都已經消逝了，而這個重要的提示則在反覆驗證後去蕪存菁沿用至今。還有堅韌的一─〇聚乙醇乳酸線（Vicryl），能用於縫合皮膚下的關節處，這部位容易不斷有剪力，產生拉扯傷口。手術縫線粗細是以兩位數字〇─〇這樣的方式標示，一─〇最粗，第一個數字越大代表縫線越細，至於原因已不可考。那裡還擺著破爛的書籍，上面重點有貼標示的還有折頁的，放在最底層的書架上讓大家能快速參考。許多密西西比知名外科醫師在讀醫學院四年級時，都曾在那裡度過周末夜晚。

第二個原因是輪班制，還有我自己偏好的上班時間。為了適應神經外科這個競爭激烈的環境，我做足了準備，周末夜都在解剖實驗室裡，足足過上了三年零九個月，深夜與住院醫師一起服務病人，基本上除了睡覺以外，其他時間我在所有外科醫師的眼裡都是拚命三郎，是自創始人哈維．庫興（Harvey Cushing）以來最拚的神經外科學生。大家都說神經外科住院醫師最棒的時光，是醫學院四年級剛拿到住院醫師位置以後，直到七月真的開始實習之前。

這個惹人注目的斧頭男很快就安靜下來，原本髒兮兮的布很快換上了乾淨的紗布，替換紗布的瞬間，一股紅色的鮮血噴出，差點噴到上方的照明燈。

「好吧，這情況不太好。」一個聲音在我身後不急不徐的說著。

創傷醫學部總醫師漢普·弗萊（Hamp Frye）從我身邊走過，一直走到床尾，病房的主位。漢普完全就像密西西比三角洲，從不慌亂、雷打不動，鎮定到偶爾會讓人以為他走神了。大學時代我就見過像他這樣的人，我和這些人一起在野外獵鴨，晚上一同在田地裡喝啤酒，男男女女一起跳舞，高聳的篝火與星空交相輝映。我想像中的漢普也是這樣長大的，我可以看到他在密西西比州，在小鎮裡某個鴨簾裡的野營爐子上暖手，在寒冷的三角洲，早晨或許還會喝點威士忌來暖和身子。

他帶領的住院醫師團隊穿著手術服、外面套著白色醫師服，分散在另外三個急診室，正在處理腹部槍傷還有車禍骨盆骨折的少年，漢普隻身來到我身旁。斧頭男的血氧心跳監測器持續發出嗶嗶聲，顯示傷者因為失血過多和躁動心跳過快，但血氧正常。我們把他弄到病床上時，護士注射的鎮靜劑已經開始發揮作用了，我在他脖子上加壓也暫時止住了血。

漢普說：「我估計傷口處大約有四層需要縫合，讓我來幫你一把。」我們消毒、處理好傷口周圍的皮膚，一隻手戴著手套按在主要出血處，每當移動手指用無菌優碘清潔傷口時，這個地方都會噴射出血液。

「那是頸動脈。」

當我們在傷口周圍鋪上無菌鋪巾時，那個男人大聲叫嚷著，「啥是頸動脈？王八蛋！好痛啊！」他邊叫邊伸手把鋪巾從脖子上扯開。

漢普連忙抓住男人的手，話語裡已經沒有半分南方的簡潔，看著他的眼睛說：「先生，你通往大腦的主要血管破了，如果現在不縫起來，你會死的。掛掉、沒命。聽的懂嗎？現在別動！」

安靜！別動！

漢普伸手開始縫合傷口，我則負責按住頸動脈。我能感覺到血管在我的手指下跳動，能想像到血液流過我按著的地方，流向大腦。按的太用力，大腦可能會因為血流不足而缺氧。

「每數到三就鬆開手然後再按，想像你在幫小孩繫鞋帶，每繫一下你就幫忙按著，保持一定的節奏。明白了嗎？」

「沒問題。」我回答道。

「一……二，」他數著。「三！」

每數到三當漢普的針過來時，我就放開按壓著的部位。傷口又深又平整，肉眼可見，血液隨著心跳噴射而出，就像一道道鮮紅、強大的水柱，噴射高度超過床緣。在那之後，我再也忘不了心跳的力量，其後多年在教住院醫師和學生時，都會提到這個例子。縫完第一個八字縫以後，我迅速將手指壓回還沒拉緊的縫線上。他打了個結小心的繫好，沒有損傷切口。我再次鬆開手，什麼事也沒有，沒有噴血，只有頸動脈暴露在空氣中跳動著，還有患部肌肉那整齊的切口，我伸手剪斷多餘的線頭。一旦頸動脈不再噴血，我們就可以更仔細的評估整個傷口，一個相當整齊的切口。它看起來像是將頸動脈上方的肌肉一分為二，然後頸動脈被劃開了個口子。傷口再深一點，他很可能會在來急診室的路上血就流乾了。

急診部主治醫師很快就來了，後面跟著的是護士長。

「弗萊，這裡到底是發生了什麼事？病歷在哪裡？你沒先通知急診部就動手術？我甚至不確定病患叫什麼名字！」

漢普脫下手套抬頭看著來人，對方正對著他看。他的身體放鬆了，三角洲男孩又回來了。

「嗨醫生，這裡沒什麼大事，就只是個密西西比小傷痕。我只是在幫華生做點縫紉工，」他故意說錯我的名字，「我現在正要回手術室，去處理那個排給我的病人。」說到這裡，他笑了笑，轉身走出了病房。

他走之前交代：「縫合前記得用乾淨的生理食鹽水把傷口洗乾淨點，華生。」然後他就離開了。

急診部主治醫師看了看護士、看了看我，又看了一眼病人脖子的縫線，然後就走掉了。

我在創傷處理室用一公升無菌生理食鹽水沖洗完傷口，然後把斧頭男弄回「針線盒」。他一直被洞巾蓋著，當我們推他進去時，他又說話了。

「我可以說話了嗎？」

「可以，」我回答著，「我要在傷口周圍上點麻藥，這樣才能幫你縫合，這需要點時間。」

麻醉後我開始了漫長的修復胸鎖乳突肌（sternocleidomastoid muscle）斷口過程，這塊肌肉對頭部轉動很重要。修復肌肉並不簡單，尤其還是主導脖子活動的大塊肌肉，需要沿著平行的肌肉纖維做單純間斷縫合，幸好書架上有本書，其中一章有提到該怎麼處理。

「情況很糟嗎，醫生？」他問。

我告訴他情況會好轉、會沒事的，我只想到縫好頸部為先，標準設的很低。他跟我說，他的表哥是他最要好的朋友，但他犯了個錯誤，他把表哥和他女友之間的事給套出來了，這就是打架的原因，中間還加上了些便宜威士忌的催化。他表哥與他對質，兩人從屋裡打到院子，然後打到工具房，最後他按住了表哥用拳頭狠揍他的臉，差不多快搞定的時候，就在這時表哥伸手亂抓，摸到了工具房裡靠牆的短斧，抓著揮了起來。

「他還手其實沒有我打他那麼狠，醫生。」蓋在藍色洞巾下的他說著。

他講完事情經過後開始唱起歌來，我得時不時提醒他別出聲，這會讓我沒辦法專心縫合，坦白講這時候最好別把事情越搞越複雜。

當我終於縫完整個傷口時，當下也沒人能幫忙確認一下是否有縫好。不過縫完以後的脖子看起來很像是完整的，至少我看起來是這麼覺得，它看起來像教科書裡的範例。我小心的包紮好，叮囑他過兩天要開始清潔傷口。幾分鐘後，我聽到大廳裡一陣騷動。

「他是我的家屬！」一個聲音大聲說道，「是我表弟！我要進去！」

幾秒鐘後，一個比病人塊頭還大，但看得出和病人有幾分像的男人，正如我們密西西比俗稱的「血親」跑進了病房。他鼻青臉腫，是真的腫到雙眼差點閉不起來的程度。我能從他眼裡看到恐懼，怕自己會在急診室後面的房間裡，看到什麼他不願意、不敢看的。能想像的到當憤怒退去，恐懼和悔恨會迅速襲來。我敢肯定急診室門口傳來的那尖銳的輪胎聲肯定是他的，因為斧頭男說當表哥和他大打出手時，旁邊沒有其他人。

他的眼神掃過病房，很快就找到了坐在擔架上的表弟，洞巾掉到地上皺巴巴的，衣服也被血染成了深紅色。

「該死的，瑞德！」他說著。「現在怎麼樣了？」

斧頭男，現在叫瑞德，直勾勾的看著他表哥，雙眼發紅、前臂肌肉緊繃。幾分鐘過去了，我也開始緊張了起來，將那放著尖銳物體的縫合托盤移到旁邊，等著瑞德回話。我緊緊抓住一個止血鉗，要是大事不妙我還可以用它來保護自己。

然後過了一會：「該死的酒吧鬥毆，就是這樣，就是一些醉酒的混蛋拿瓶子弄傷了我。你在這裡做什麼？」

結果事情就是這樣，被女友甩掉的憤怒，從房裡扭打到院子裡的過程，斧頭揮下的那刻，汽車開走時尖銳的磨地聲，所有一切都被抹除了。就在那一刻，這故事變成了另一個版本。在後來的故事版本裡，瑞德絕口不提他本不該多嘴亂問，或是和喝醉又在氣頭上的表哥一拳拳互相猛揍。當我聽他們兩個談話時，瑞德在病床上，他的表哥就站在他旁邊，我可以聽到那故事被改編成另一個故事，表哥在酒吧遭到醉漢襲擊後他伸出援手，兩人並肩作戰直到瑞德被破掉的瓶子弄傷，一路狂奔到醫院。結論是他們的親情永在、友誼長存。

我回過神發現止血鉗還握在我的手上，鬆開手讓它掉進托盤，發出了咔嗒聲。瑞德跳下病床，把手搭在他表哥的肩膀上。他們倆轉身要離開時，看著他褲子上的血，大聲笑了起來。我陪他們一起走到醫院門口，走向那天傍晚瑞德衝進來時，在他身後開開關關的那道自動門，打算開個抗生素處方治療傷口，也多給他們一些紗布換藥。兩人一同走進夜色那時，瑞德只是搖了搖頭。

「沒事了醫生，」斧頭人瑞德說著。「表哥會好好照顧我的。」

十九：路克的跳躍

比賽進行第三次跳躍時，意外突然發生了。翻滾的選手和越野車，以及飛揚的塵土，到了賽道旁的看台前終於停了下來，那裡擠滿了又急又慌的父母們。巨大的照明燈在宜人的秋日裡，伴隨著撲向燈火而來的飛蟲，將暮色黃昏映成了白晝，照亮了眼前一片混亂。慢慢地，十幾歲的選手們一個個坐了起來，揉著腦袋向人群招手。父母們扶起車，跑到通往賽道的大門鬆了口氣。人群中傳來試探性的笑聲，還有幾聲掌聲。

但是有個男孩並沒有站起來，一直躺在賽道上，扭曲的身子一動也不動。他的腦袋下開始流出一灘血水，氣氛又沉了下來。*這是哪家的男孩？是路克嗎？*那個塵土中的男孩確實是路克，路克·諾蘭（Luke Nolan），他有很長一段時間都無法坐起身來了。

他的父親原本在賽道旁的看台上注視著，這是十二歲的路克人生中第一次也是最後一次，在賽道上直線加速衝上坡。所有選手都是那樣做的，但不知道發生什麼事，有人的車輪卡到了另一個人的，然後混亂就開始了。第一次彈回地面時，路克被甩下自行車，安全帽都摔飛了；第二次彈開時，一輛翻滾中的摩托車手把刺穿了他的頭骨，左側頭骨連著大腦被挖出了一個二．五公分深的粗糙凹槽，左腦是優勢半球，是負責語言和表達的那半邊。一般情況下受了這樣的傷是無法存活的，傷者會當場死亡。

路克的父親從人群中擠到兒子身邊，反射性的把男孩拖離泥土賽道，抱進車裡飛奔前往當地醫院，至於待在原地等救護車來是否會更好，這點也已無從得知了。但令人驚訝的是，他的脊椎沒有受傷，不移動傷者最主要的原因之一就是怕脊椎有傷。急救人員先迅速幫他戴頭套，經過加壓止血後，男孩被救護車緊急送到了我們醫院，傍晚時已經通知醫療團隊病人即將到院，當救護車將他移到創傷處理區時，我們已經等在那裡。他的父親走出救護車，動作俐落的走到推床旁邊。

儘管住院醫師已經在現場，但我還是親自去了趟急診室，我剛處理完一個病例，從下午做到晚上，還來不及去拿背包騎單車回家。執業第一年時，我會從開頭就參與治療，也許因為這樣，那時我帶的一些住院醫師會留在我身邊。那時我太太梅麗莎是新進住院醫師，跟了我幾年以後成了總醫師。她處理非手術的問題，也同樣很忙碌，而且經常在醫院過夜，那時並沒有溫馨的晚餐或約會吸引我回家。走過急診室時，熟悉的腎上腺素激增感陡現。在匆匆揭下那臨時性但又救命的頭巾瞄了一眼後，我就明白到接下來的幾個小時大概沒辦法回家休息了。

我看了一下那男孩頭部的斷層掃描，顱骨和相連的大腦受到了嚴重的損傷，我把父親帶到急診諮詢室討論緊急手術，但這需要家屬同意。當父母在場的情況下，未先取得同意就進行手術可能會構成暴行罪（battery），雖然這聽來很怪，但總之取得同意是能不能做手術的關鍵。但如果沒有父母或親屬，則視為可進行緊急同意，由兩名主治醫師同意即可。回到現實，我把談話重點擺在取得手術同意，而不是和家屬溝通交流。但那個晚上對我也產生了重要的影響。

我和他父親站著說話，我們的視線在同樣的高度。他留著山羊鬍，周圍鬍鬚幾乎沒剃，身穿薄薄的、褪色的藍色牛仔夾克，棒球帽滿是灰塵，裡面的黑髮滿是汗水有些凌亂。他的眼睛紅了，臉也皺了起來，滿是擔心和疲累。房裡只剩我和他，燈箱上的是男孩頭骨遭破壞情況的片子，藍色的光線投射在我們倆身上，我向他介紹自己是輪班的小兒神經外科醫師，他和我一樣也垂著頭。他伸出手摀住了雙眼。那時的我還在執業早期，我想伸出手搭在他的肩膀上安慰他，現在的我就會真這麼做，現在我認識的小兒神經外科醫師有九五％都會這樣做，但那時的我對這樣的事情還不是那麼有經驗，我還沒學會這些。我在心裡默默提醒著自己，重點要放在拿到手術同意，然後進手術室。

所以我沒安慰他，只是低著頭給他一點時間讓他冷靜下來。我從當住院醫師頭幾年就明白，無論如何，在急診室與神經外科醫生談自己的孩子，對誰都是件困難的事情，但也沒有什麼更好的地方。急診室裡一片混亂，父母們注意到旁邊病危的孩子，還有護士和醫生來來去去，心裡上也是無法承受之輕；要在急診室外也是個問題，因為其他患者也能聽到，現在個人隱私法規已經不容許。最後還有個選擇是去諮詢室，那裡通常簡單放著三、四把椅子，一張桌子和一盒紙巾，牆上會掛著柔和的藝術品。如今電腦螢幕已經取代了燈箱，也取代了呼叫器和手寫筆記。

當時我心煩意亂的低下頭，心裡想的是後續要做的事，我得通知手術室讓團隊動員起來，確保找了正確的檢驗單位，通知兒科加護病房需要留一張床給術後的患者，為了讓事情有進展，要處理的環節數之不盡，除此之外我們還得交叉比對血液，我邊想邊低頭看著那位父親的鞋子。在他藍色牛仔褲的折口靠近小腿的地方，還有他的襪子上，摻著血液的衣服上，我都能看出那模糊的熟悉灰色。那是大腦組織，他兒子的大腦。混合著鮮血、頭髮、泥土和草，就沾在他身上，鮮血和淤泥在他的襯衫上、褲子前部和袖口都染上了深紅色。那一瞬間，我能想像得到他站在那條塵土飛揚的賽道上，彎下腰抱起兒子那時，他唯一能做的就是採取行動，把兒子送到醫院治療。我再抬起頭看著父親，只感覺到他一定很害怕，承受著難以想像的痛苦。接下來我閉上了眼睛，他告訴我那男孩的名字，並哽咽著說他們父子喜歡一起賽車。沒過幾分鐘我就進手術室搶救他兒子了，但那個父親身上、褲腿上沾著兒子一部分大腦，站在那哭泣的樣子，在手術的過程中一起跟著我。

小兒神經外科病例的發生往往比其他科突然，即使放到整體神經外科比較也是如此。我曾在兩個醫學中心任教，有超過三分之一的病例是發病後四十八小時內就要手術。在我們上手術台上之前的那四十八小時，這些人根本還不是病人，他們有自己的生活、自己的想法，外表看來完全是過著一般生活的正常人。我也不確定當我還在唸醫學院，或是在當神經外科住院醫師那時，對這個事實是否有明確的認知。無論成人還是兒童，我們所做的治療在當下都是很緊急的。訓練階段時，除了手術，我們大部分時間會花在急診室和加護病房的重症病人，不像其他專科會把時間放在冷靜有序的門診上。

但那時我們都還年輕，進入了一個刺激的科別，處理危機的能力也提升了。緊急病例只是一個個手術機會，是在難得休息時互相交流的故事，直到後來我成為主治醫師以後，這些事才有了不同的含義。原來緊急病例是大家的孩子，緊急病例是某個人的全世界，醫師當下的決定會影響事情的發展。我記得有一次在狹窄的家屬討論室裡，桌子對面坐著的是位中年穆斯林婦女，獨生子被診斷出腦瘤之後來懇求我。

「醫生拜託你治好他，我求求你了，」她一邊說著，頭巾邊緣被淚水浸濕一片，「他是我的太陽、我的月亮，是我天空裡的每一顆星星。」

慢慢的，我明白到這些緊急病例，就是我所謂的小兒神經外科的使命。在這個領域裡最重要的，就是確保我們所在地方的人們都能得到所需的照護。比如說父母們能相信在他們的孩子需要時可以得到相應的醫療，無論是青少年糖尿病需要的兒少內分泌科、手臂骨折時要兒少骨科，還是腦、脊柱、脊髓損傷，或是手術問題。小兒神經外科醫生的職責，是照顧那些需要評估和專業護理的人，而且也常為各種不同的患者緊急開刀，比如說外傷、大腦血栓、腦積水引起的腦疝氣等等。這裡的緊急是指生命危在旦夕那種急，需要在半夜叫醒手術室團隊上刀的那種。沒急到那種程度但仍然緊急的病例，就需要加到隔日處理行程，這些複雜又神祕的手術「分級」，決定了整個北美、甚至世界各地這類手術的先後順序。所謂沒那麼急但仍然緊急的病例，包括像是脊柱裂之類的病例：開放性脊髓先天性缺陷、小兒腦腫瘤，或是許多不在一兩天內解決掉就麻煩大了的病例。隨著經驗累積，我們會越來越成熟，角色也從只是低頭默默做事，到積極參與過程、幫助事情運作的更好更順利，幸運的人兩者兼而有之。

我幫路克做過幾次手術，但隨著賽道上污垢包藏的各種微生物，感染症狀出現了，經過積極的清洗，加上感染科強大的抗生素，我們清除了病菌。當天晚上一開始的手術是清創，除去受損大腦中的塵土和草屑，還有污染破碎的顱骨，並控制頭皮撕裂傷出血，幸運的是剩下的皮膚量還夠，可以縫合傷口不用植皮。事故受損那側的硬腦膜都已被切除，我們能從他大腿一側的肌肉取下紙一般薄的肌肉筋膜，用來取代缺損的硬腦膜，幾天後一旦感染控制下來就能再做手術。這層膜能阻隔大腦和腦脊髓液，讓需要修復的部位有癒合的機會。當時我的助手是有手術助理執照的，更重要的是，他還是名解剖學博士。為了這個病例他做足功課，在大體室花了好幾個小時查驗腿部肌肉、筋膜還有和血液循環相關的解剖構造。這名助手是蕭恩．塔布斯（Shane Tubbs）博士，後來他發表超過千篇解剖學和外科的相關文獻，幫助了神經外科醫師訓練，也間接改善了神經外科患者的醫療。蕭恩遞給我的那塊從腿上取下來的筋膜，大小恰到好處剛好夠用，再也沒有比這塊更好的了，整塊都用上，剛剛好毫不浪費。

幾週過後，我們用患者顱骨的骨膜層，取代受傷以及先前手術移除的顱骨，這是種稱為「多層骨骼移植」（split-thickness bone graft）的治療，從二十世紀初開始發展的。三歲以下的幼兒頭骨薄得像片巧克力，只有一層，所以無法做骨頭移植術。不過隨著年齡增長，它會發展出三層，就像奧利多餅乾一樣（當和父母們解釋，孩子們無意間聽到這個比喻時，似乎都很喜歡）。因此我們可以取一塊普通的頭骨，用利刃和鑿子把它分層，就像分開奧利多餅乾一樣。然後將底部放回原來的位置，用這塊骨頭去補頭骨缺損。不過現在已經可以用3D列印的無菌塑膠植材修補，但在二十年前路克受傷那年代，還沒有這項技術。

當他從一連串的整形手術中復元後，他父親毫不留情地帶他去做物理、職能和語言治療，陪在他身邊一刻都不鬆懈。在接下來的幾個月到幾年之間，每次我在醫院看到他們回診時，最初受傷帶來的無力和言語問題還是存在，右臂也只恢復了有限的使用能力，但可以穩定的握手，右腿雖然無力但可以靠調整走路姿勢克服，復健時也可以做到簡單對話，並能回學校上學。頭部外形看起來也幾乎正常，在他棕色的頭髮下，只藏著幾道補丁般的疤痕。我可以察覺到本應光滑的頭骨輪廓上有突起，但除了我以外沒有人注意到，在我幫他檢查腦部是否有缺損或術後癒合問題時，他和父親總是表現的很親切、很感激。

有好些年我常收到這孩子的近照，直到他父親寄給我的最後一張。小男孩已經長成年輕人了，高中畢業拍的正式照片裡他穿著燕尾服，臉上掛著微笑。每次看到這張照片，我都會想起和他父親在急診室外的那個諮詢室裡，褲子上沾著腦漿的樣子和那無聲的淚水。我的反應從停頓到理解，低聲試著告訴他，**我會救他兒子的。**

二十：衝擊波

我女兒飛兒十二歲生日隔天，她遞給我一份學校作業，寫的是「橋樑」的故事，她問我在交作業前能不能幫她看一遍。以下內容就是摘自這個故事的開場：

我像往常一樣坐在教室後面，正用盡全力不去聽到那些關於造橋，還有關於橋敦如何支撐重量的話題，我不想聽到這些。

「莎拉妳有在聽嗎？」

沒有。

但我不能這麼回。

「有的，老師。」

老師疑惑地看了我一眼。

「那我說了什麼，莎拉？」

全班都盯著我看，等著我尷尬的回答。

「我……我不知道……」

「莎拉，我不能容忍這個班上有人在矇混瞎扯。如果妳覺得課堂討論太無聊了，那請你離開。」

我懂，我知道這是老師讓學生感到內疚的一種話術，但也不妨趁此機會離開。

我開始收拾東西。

「妳要去哪裡？不准下課！」

我不理她，走了。

去圖書館了。

如果你想知道到底發生了什麼事，請容我先賣個關子，晚點會講。

當我找張桌子坐下來時，我注意到旁邊有一疊書，其中有本書突出來，書名是《愛麗絲夢遊仙境》（*Alice in Wonderland*），這是我姐姐最喜歡的書。

現在可以告訴你發生了什麼事了。

六個月前姐姐自殺身亡了。她有個Instagram帳號，常在上面曬自己和朋友的沙灘照。

接下來她開始收到酸民批評，說她胖、照片看著很蠢，說她礙眼，外表也根本不怎麼樣。她向人訴苦，結果大家回說活該這是她自找的，誰叫她沒事要上傳自己的清涼照。

結果，姐姐沒有告訴家人，這些話就往心裡去了。我試著去想她那時的感受是怎樣，為什麼會選擇結束自己的生命。一開始她可能有些遲疑，也許自己真的很蠢、很醜，或是很怪。接著她或許也想過，這真的是自找的，自己是活該的，沒什麼可難過的。或許就這樣，她陷入了情緒的黑洞，直到再也無法控制自己的想法，爬上那座橋，跳進水裡，默默的死去。**她有沒有想過回頭？**

故事一直寫到最後與霸凌人的一方達成某種程度的和解。這是透過十二歲、正要走向青春期的孩子的視角來看的，是個比現實生活更純潔的故事版本。我可以想像，當還不到青春期的孩子，去寫和自殺有關的故事時，父母都會感到驚訝，大概就像那時我與梅麗莎看到這個故事的時候一樣。但我們很幸運，女兒的心踏實且健康。但儘管如此，我們的家族和不少人相同，或多或少都有精神疾病史，所以我們特別注意這塊，有時甚至有些過度。不過那天晚上，當我們聊到她的作品時，我們的憂慮減輕了。她只是開始會去思考社交媒體與自殘這個議題，她生日後，在我們的允許下註冊了Instagram帳號，也很小心的注意自己和朋友們的互動，不要變調走向極端；她也曾看到有人在討論要停用抖音，而她**本來就沒興趣**，經過片刻消化，我們也認同飛兒的想法。

「這就像是你的病患，爸爸。」女兒說。

「病患？」我的語氣平靜，想起了幾年前做過的一個手術，那是個因為網路霸凌而自殺的少女。

飛兒當然記得。我那時曾經簡化故事、隱去主角姓名，和跟她講過這個故事。在這邊得說，身為小兒神經外科醫生，真的很難不把工作帶回家……原本只是叮嚀孩子騎自行車時記得戴頭盔、過馬路時要小心這類事情，現在已經變成了如果有人想要傷害她，或是被網路酸民攻擊到想傷害自己，請別忘了和父母談一談。下面提到的是我以前在急診和手術室的故事。

飛兒提到的是少女愛莉莎（Alyssa）的故事。她剛開始進入小學時人緣很好、很受歡迎，在學校裡風評很好。她父親是田納西小鎮上的副警長，她玩足球、壘球，而且也愛和父親一同打獵。環境適應良好，除了偶爾對父母說話有點沒大沒小，沒做過什麼叛逆的事。

她和朋友偶爾會有些意見不合，但一開始其實也算不上是什麼問題。愛莉莎長大後越來越漂亮，也開始吸引同年級男孩的注意，結果引來校內其他女孩的競爭意識，一開始還算是良性的，但隨著她得到學校獎項和肯定越來越多，有群女孩組成小圈圈排擠她，沒多久就公開叫起污辱人的綽號還嘲笑她。告家長會？不出意料，大家也就是虛應一下故事。愛莉莎懇求父母讓她轉學，但離學期結束只剩幾個月了，家人認為最好還是面對問題先別逃避，至少撐到年底，而她也真的做到了。謝天謝地，事情似乎平靜了下來，後來的時間都很平靜，沒什麼戲劇化的事發生，直到放暑假隔天。自從那一天起，他們家的生活就再也回不去了。

我第一次見到愛莉莎是在手術台上。那晚已經過了半夜十二點，我的住院醫師在去手術室的路上打給我，他親自把她的病床從急診室推到手術室。她是由救護車送到我們急診室的，父母都還在路上，所以我在手術前沒機會和他們說上話，也沒時間從醫護那裡了解事情發生的經過。當我們剪去手術部位的頭髮時，她棕色的長髮上沾滿了血跡和骨頭碎片，手術室裡有人提起，聽說有槍手開車靠近女孩的車，等她打開車窗時開了槍，是暗殺式的襲擊，這跟霸凌她的那群人脫不了關係。我記得當時自己聽著也有點情緒上來，想像著自己的孩子要是發生了這種事，躺在手術台上的景象。

「伙計們，集中注意力，」我脫口而出，聲音比原本的要大。我開始消毒頭皮，「現在什麼都不重要，這孩子躺在手術台上，我們必須讓她平安脫險。」

子彈從頭部右側進入破壞了腦血管，這是右撇子造成的典型右顳入口傷，我們用電燒的方式先止血。但是子彈軌跡又不是從左側射出的，不像是坐在副駕駛座受到槍擊那樣，先前聽說的那個故事版本，肯定是假的。**不過現在不是思考這些的時候**，我在心裡記下了這件事，然後繼續手術。子彈並未穿出頭部，它卡在左側頭骨較厚之處。血液累積在右側顱骨受損處下方導致腦壓升高，不排出積血她就會死。等我們把彈孔周圍的骨瓣取出然後抽乾積血、止血後，才看到子彈早已穿過兩側視神經，她以後再也看不見了。覆蓋著視神經的額葉底層也受到嚴重損害，當子彈穿過大腦時，穿透傷只是一部分，穿透時因壓力快速改變導致腦漿產生的穿洞（cavitation）現象也會造成破壞。子彈移動非常快速，快到使它通過的部位周圍和後面產生強力的衝擊波，當子彈穿過組織時，通常造成傷害最大的就是這種衝擊波。

手術結束時已經是凌晨三點了，最後一步是找到她的父母，告訴他們手術時發現的事。以前我還在實習的時候，有位外科醫生教過我，與家屬溝通也是手術環節之一，不管要說的事情是好是壞。她的父母在稍後也到了醫院，我依稀記得手術時，值班的護士接到通知轉告了我們。

那時早上的候診室就只有他們兩個人，當天約診的病人和家屬都還沒來。他們靠著坐在一起，當我走近時一起迅速站了起來。我猶豫了一下，然後拉把椅子過來和他們對坐，同時也示意他們坐下。然後我告訴他們，他們的女兒沒有生命危險，但會永久性失明，至於槍傷對腦部的影響程度有多大，需要時間觀察評估。**接下來的幾天非常關鍵**，沒有什麼額外的辦法有幫助。

說到這邊我暫停了一下，等著。我在心裡說服自己，已經把最困難的部分說完了，這讓我有種莫名的解脫感。

但這感覺是短暫的。

「她是自殺的，」她的母親說，邊啜泣邊吐出這句話，兩人都在哭，父親則雙手抱住頭。

我保持沉默。

她的母親接著說，「愛莉莎的朋友，」她停了一下讓自己稍微平靜下來，才接著說：「都是網路上那些酸言。」

「我以為這些倒霉事已經過去了！」爸爸忍不住哭了出來，「我以為一切都結束了……」他的聲音越來越小。

他們還原了事情的真相。

那天晚上愛莉莎在悲傷情緒下，做出了可能心裡早就想做的事，她到廚房抽屜拿出家裡卡車的鑰匙，進了車子找到裡面放著的雜物箱，從箱子裡翻找出父親的左輪手槍，拿起來對準了自己的頭，然後開火了。

她的家人離的遠沒聽到槍聲，但到了夜深家人還是出來找，最後妹妹在卡車上找到了她、打了求救電話。整件事一直發展下去，直到她在911當派遣工的母親從急救電話裡聽到自己家地址要派救護車時，故事才算告一段落。

聽到這個故事、看到故事中人親口講述，真的感到很沉重，而我們在手術室裡發現的事情，為這個家庭噩夢般的一夜，畫上了悲慘的句號。我陪著他們坐了一會，靜默無言。

很快，電梯「叮」的一聲，她的親友開始出現。我也趁機走開，悄悄的走上附近的樓梯，爬了兩層樓去加護病房，坐在她床邊的凳子上等著。**她會有什麼後遺症？**我想知道。**她能恢復理解力，明白發生什麼事嗎？是什麼原因讓她走到了這一步？**

當我看著她的生理監視器螢幕時，思緒又回到了那段神經外科住院醫師訓練時期，想到曾經看過的自殺病例。那些日子、那些畫面，歷歷在目。我記得有位七十多歲的長者被診斷出晚期癌症，而他決定結束生命，不願忍受病痛日日受苦。在霰彈槍的子槍炸開之後，他的臉幾乎無法辨認。那種畫面，即使是最鬼斧神工的好萊塢化粧術，也模擬不出那種毛骨悚然。然後他的呼吸音開始有雜音，接著越來越弱，我還記得那時在創傷處理區的外科住院醫生當著我的面大喊，質問我為什麼不馬上把這個人送去手術室。那時我們都太年輕，被我們自以為熟悉的世界，那個疲累而崩潰的世界，逼到了邊緣。

當我站在創傷處理區，被一片混亂和衝突包圍，看著他的血沿著病床邊緣流淌而下時，突然感到一種平靜，一種讓病人得償宿願的平靜。平靜，因為我們尊重他做出的選擇，不著急於一廂情願徒勞無功的搶救。後來我才聽說他留下了幾行遺言，說他想按自己的意思離開，而不是靠著麻醉藥一天天痛苦地死去，所以他自殺了。我站在他旁邊，把他的手放進毯子裡，這樣一來就沒人看到我只是假裝在檢查，能撐多久是多久。當我的呼叫器又響起，把我叫去其他瘋狂混亂的地方時，他的呼吸也慢了下來，漸漸的停止了。

愛莉莎在醫院病床上躺了幾個星期，她的父母在病房牆上貼上她的照片，讓護醫人員看看她原來的樣子，但過去的樣子和現在的她根本連不起來。她的臉部腫脹，即使用濕潤眼部的敷料來減輕還是腫，而且無法闔上眼瞼，甚至連反射性眨眼時也閉不起來。日子一天天過去，她開始慢慢甦醒，很快就不用呼吸器，鼻胃管也被拔掉了，跟著也能離開加護病房了。她記不得當初發生了什麼被送進急診室，但隨著身體慢慢康復，她大概明白了。起初她的父母不願提，但耐不住她一遍又一遍的問，最後還是說了。不過每說一次，她父母都好像又重新經歷了一次，所以一開始也只願意說些零碎的片段。

她從醫院轉到復健中心，直到最後回家以後，在她受傷六個月後的追蹤檢查影像裡發現了動脈瘤，靠近衝擊波的一條大血管異常突起。爆炸效應讓血管壁變薄了，出院後隨著日積月累，變薄的血管突出長成了動脈瘤。礙於它的位置無法用血管栓塞方式處理，所以只能開顱夾上血管瘤夾。但就算事情過了幾個月，開顱後還是可以看到子彈經過腦部所殘留的損傷，仍然可以看到視神經被切斷，腦內形成的疤痕扭曲著周圍的組織，解剖結構難以辨認。**孩子們到底要黑化到什麼樣的程度，才能把別人推向這般境地。**我當然不會覺得愛莉莎是故意自我毀滅，但也沒料到她覺得這是種自我保護。她只希望讓自己遠離痛苦，這些難過的情緒就像社群媒體一樣如影隨形，讓人感到無處可逃；或者說，只剩一處可逃。

從此以後，愛莉莎將永遠活在那一晚的後遺症裡，她和她父母都希望能把她的故事分享出去，讓人們明白霸凌是真實存在的。她媽媽也希望我能讓人知道，從那天起愛莉莎一直努力著，想成為一名優秀的女性、活出自己的信仰。在經歷了這一切以後，愛莉莎萌生了助人的想法，這也是她現在的使命。即使她對於受傷前的事情記得不多了，不過她說人會因為一時無心造成別人的痛苦，而且後果可能很糟，但事情其實可以不必如此的。

二十一：解脫

除了當被告以外，還有兩個原因會讓醫生與醫療疏失訴訟有關。第一個原因直接了當，是以醫師身分去向法官或陪審團解釋患者身體狀況或診治過程，醫師有出庭作證的義務，這也合情合理。這份證詞可能相當關鍵，能讓人了解做某項治療的考量為何，為什麼要做那樣的手術，或這項處置會如何造成患者永久性的影響。對於小兒神經外科醫師來說，很多時候我們去作證的案子都不是意外傷害，而是大人傷害兒童，我們的角色則是說明什麼是創傷性硬腦膜下血腫，為什麼這是緊急情況，以及對孩子的成長可能造成怎樣的影響。本應照顧孩子的人卻故意傷害，這影響可能長久而深刻，終其一生無法擺脫。發生這種情況時，對共同生活的家人包含父母、兄弟姐妹和親人，也同樣會造成深遠的影響。

另一個原因則是當專家證人（又常被稱做「槍手」），在民事案件中由任何一方法律團隊委託，或者在刑事案件中由控方或辯方請求審查事實並表示專業意見，重點通常圍繞在是否「善盡醫療上必要之注意」。專家證人可以透過預錄影片作證，就雙方所提問題提出見解、贊同或反對，並由書記官納入紀錄。專家證人也可以親自出庭，說明外科醫生所做的那項手術，不符合善盡醫療上必要之注意的標準；審判結果可能會影響那位醫師的職業生涯。

我從沒選擇過直接參與庭審，除了治療病人很忙之外，我也有其他更急迫的事情要處理，像是醫院行政、教學和研究等等。

不過說白了這不過是藉口，其實我從來沒想過把我對手術的看法強加在別人身上，或是去評論別人有沒有做什麼。經驗告訴我，處理患者通常有好幾種可能的方式，尤其面對可怕的緊急情況時更是如此。誠然，身為外科醫生又是飛行員之子，我經常想到「戰爭迷霧（Fog of War）」這個軍事概念，在資訊不足的情況下需要多快下決定。種種因素都讓我猶豫，到底該不該去評論他人的做法。我腦中總有不要去批評別人的想法，不然哪天也許就會輪到自己被檢討。我也不會想把自己治療成效不彰的病例攤開來，隨公眾評論。律師朋友會說，這樣的想法，就是醫療體系無法發揮相互監督功能的癥結所在，從某些角度來看其實他們也沒錯。

不過要是提到自我檢討，這我倒是沒有問題。我習慣反覆的自我檢討，有時甚至會達到一種近乎不間斷的狀態。我懷疑這種習慣和我是不是醫生無關，我想就算我是國文老師或是鞋店售貨員，也不會有所不同。不過我承認，替學生打錯分數或是把客人鞋子尺碼弄錯，可不能與手術錯誤相提並論。但神經外科手術很難，並不是每個情況都有所謂的正確解答。正如我常跟我的住院醫師說的，在小兒神經外科領域裡，很少能有機會去翻教科書，按圖索驥的找答案幫人治病。

多年來我不常參與審理，也一直堅持著這種不做評斷的風格，直到幾年前遇到一個讓人難忘的病例。但即使如此，我也從來沒有想要一直放在心上，我更情願讓它就此淡去。

除了大腦和脊髓以外，有部分神經外科醫師也會做周圍神經手術。這些神經連結中樞神經系統與肌肉，控制身體動作，並能從皮膚或更深處傳遞觸覺、味覺或痛覺。這種疼痛可能是輕微刺激，也可能是深度如電擊般疼痛。神經會隨著時間而漸漸受到壓迫，腕隧道症候群（Carpal tunnel syndrome）就是最常見的例子。神經壓迫可能使身體任何部位出現無力、麻木或疼痛的情形，具體症狀取決於受到壓迫的是什麼神經。任何周圍神經都可能因為車禍、槍傷或刀傷嚴重受損。成年人隨著年齡增長，容易出現神經壓迫的問題，兒童則是較偏向創傷性傷害。如果神經拉傷但不嚴重，那麼在絕大多數情況下會在幾個月內恢復功能，但要是神經被切斷，後果就有可能是一輩子，是沒完沒了永無止境的。

十多年前，有次我站在診間外讀病歷：「腿無力、疼痛。」我再讀下去，患者十一歲，雙腿都疼。當我細看外院家醫科醫師轉診紀錄時，發現這些症狀已經持續幾個月了。怎麼沒有人想到要做脊柱核磁共振檢查？我納悶著，要是兩條腿都疼，出問題的地方應該比較靠近中樞神經系統。我開始想像，這家人遠從五個小時以外的地方過來，聽到要做核磁共振或許會擔心，所以在進診間前我仔細想了一下該怎麼說，不過這些小心思很快就都被拋在一旁。

我打開門時，發現燈光調暗了，男孩在檢查檯上蜷縮成一團，一動也不動、也沒打招呼。他靜靜地躺著，父母坐在椅子上看著他，房間裡湧來一股壓倒性的疼痛感。運動時痛、檢查也痛，生活大小事都痛。這種疼痛從病人身上，瀰漫到周圍每一個人、每一件事、每一項物品上。父母和祖母都在，但每個人都保持安靜盡量不動。進去的時候，我注意到那個男孩蓋著毯子，臀部轉向牆壁，雙眼緊閉著。接下來三十分鐘我努力檢查，哪怕只是輕輕移動一下腿，動作都試著盡量放輕一點，把他的痛苦降到最低。我沒預料要在一般門診看這種程度的兒童疼痛，我們有全麥餅乾和巴斯光年貼紙，但這沒什麼幫助。我正考慮要把他送到急診室，他的母親從包包裡掏出一個沒有標示的瓶子，從裡面拿了一顆藥丸塞給他，接著他很快就平靜了下來。他的呼吸開始變慢、閉上眼睛，然後安祥的睡著了。

我從他的父母那裡聽說男孩曾經是足球運動員，大家說他雙腿有點「緊繃」，父母在說這句話時還做了雙引號手勢，大家還說**這最好得找人看怎麼治，拉拉筋可能會有幫助**。一開始他被帶到當地的物理治療診所，診所那邊建議他做一套腿部伸展運動，接著還建議他去看整形外科醫師，把這事當成兒童痙攣來處理，所謂痙攣是種醫學術語，簡單說就是肌肉緊繃，可能引發的原因很多。一般常認為是在子宮內或出生時受傷造成，但實際原因不明。除了做物理治療，外科醫師還建議他鬆開膝蓋後面的肌腱，簡單說就是以手術方式在全身麻醉的情況下切斷它們。雖然這個建議令人驚訝，但他們經過一番討論後，認定這是為孩子著想，而且也是能讓他重回球場最有效的方式，所以後來家屬還是同意了，期待著門診手術六週後孩子可以康復、重返運動場。院方解釋了，術後會先用石膏固定雙腿，但很快就會康復。

沒想到手術已經過了幾個月，他還是沒好起來。

睡到一半他又哀嚎了一聲，移動身體的痛苦讓他醒來，父母的注意力馬上轉移到男孩身上。

「嘿，西蒙（Seymore），沒事的，小伙子，」他的父親一邊說，一邊輕輕撫著他的頭髮，「沒關係的。」我們等了一會，等他睡著再繼續檢查。

那次手術後，西蒙的膝蓋以下都被打上了石膏，父母第一時間注意到的是，他一醒來就無比疼痛，在恢復室裡瘋狂的伸手亂抓翻來覆去、大喊大叫，但儘管如此，他還是出院了，家人不斷告訴他這是正常的。殊不知回到家裡情況還是完全一樣，止痛藥都用完了也不見好轉。又過了幾天到了要物理治療的時候，他根本沒辦法做。一個月以後，他的雙腿還是包著石膏，連用上助行器都無法走路，最後石膏拆除時，他的腳踝以下連同腳趾根本動不了，膝蓋以下也完全失去知覺，更糟糕的是腿還很痛，而且情況越來越糟。

這個病例用不著做脊椎核磁共振，這和我原本站在診間外看紀錄時設想的不同，應該與脊髓或是中樞神經系統障礙無關。綜合種種描述和他的症狀，我會意過來發生了什麼事。這個男孩一定有嚴重的神經損傷，**左右兩邊都有**，應該是先前手術造成的。但接下來的問題還是，**到底發生了什麼事？**

有條粗大的神經，在成年人身上幾乎和拇指一樣粗，由大腿後方向下延伸、埋在肌肉深處，這條就是坐骨神經，通過膝蓋後方時形成兩條分支，往下繼續進入小腿。神經的一部分進入小腿肌肉，使腳能向下蹬地帶動身體前行，另一部分神經則在腿外側彎曲向前延伸到小腿前側肌肉，這部分肌肉使我們能夠將腳板和腳趾向上提，完成行走的動作。

我盡力幫這個男孩作檢查，確認他雙腳都不能動、小腿還有知覺，有明顯劇痛而且越動會越痛。這類疼痛稱為神經性疼痛，與神經問題有關。我試著忽略他術後就已經產生劇痛的事實，想辦法說服自己，**這或許是神經周圍長出疤痕組織刺激導致疼痛**，但疤痕不會一手術完就有。無論如何，現在唯一的辦法就是確認受損部位，再做一次手術，左右腳都要。

另一方面，在復健與疼痛控制團隊的幫助下，我們盡可能的減輕了西蒙的疼痛感。在和他父母談到重新手術這個建議時，我話說的很直接。以前我從未見過術後發生這麼嚴重的情況，而且還是左右兩腳都出問題，這真的很讓人匪疑所思。我做過好幾次坐骨神經手術，但這次手術不同以往，我們得從腿後方還沒被破壞的地方開始，手術範圍會大於原先那個手術。早期像他先前做過的那類手術，往往是透過破壞正常解剖結構達到效果，有時破壞大、有時只是剛好足夠鬆開原本的緊繃。為了解決被前面手術破壞變形的部分，我們需要從損傷區域的上方和下方開始，從正常組織中找到沒有變形的神經並向中間包夾。我把這些都告訴了家屬，但我沒有告訴他們的是，其實我開始懷疑當時神經是連同肌腱一起被切斷了，甚至當初切斷的可能根本不是肌腱，邏輯告訴我這看來是如此。但我不確定到底發生了什麼事，因為我也沒親眼看到。

許多年前我還在當總醫師時，我記得某天深夜到主任醫師辦公室和他一起「過名單」，我們兩個人會在那裡一起討論病人的狀況，在下班回家前確認、更新醫囑。我會向輪值的住院醫師解釋更新後的醫囑，必要時也會留下來共同執行。我記得有次隔天我想跟主任的刀，要做一檯很有挑戰性的手術，結果前一晚到深夜還看到他在醫院，但這也不意外，我早就放棄了解他的行程安排。

我悄悄走進他的辦公室，裡面還有個小房間，門是開的，他頭抬也不抬。我悄悄的凝視著他看了一會，就像我會在手術室裡偷偷觀察他那樣。我看到他正在仔細查閱解剖學教科書，讀著我們第二天要做手術的那個部位，我還記得那時自己蠻驚訝的，每次我和他一起做手術，他都是一個接一個的考我解剖問題，沒想到他自己前一晚還會溫習解剖結構。我以為一旦達到某個程度，那知識會一直鎖在大腦裡，但這個想法是不對的。二十年後的我當然已經明白了，但那天晚上給我的啟示是，外科醫生永遠都要事先溫習，特別是對於罕見或很少遇到的病例。有了那一晚我從門縫裡看到主任溫習的經驗，這次手術前一晚，我也在辦公桌前做最後一刻復習，反覆查閱解剖結構，這對我來說已經是例行公事，但那次我差點忘記溫習又急著不想等電梯，乾脆直接爬上九樓回我的辦公室做這件事。在幫西蒙手術的前一晚，我花了比平時更多的時間看書。

手術當日，我們先從右膝蓋後方開始，在分離完腿後方的肌腱和肌肉，並仔細保護好附近神經的大動脈和靜脈以後，我們找到了大腿延伸而來的坐骨神經，並沿著它的路線往下，循著先前的傷疤往小腿走，組織確實增厚了，變得難以解剖，這裡的出血量的確也比沒受傷過的人要多一些。當我們放慢速度繼續向下時，發現神經沒有繼續進入小腿，而是在小腿前形成了球狀的疤痕組織，可是在神經旁邊差不多一公分的地方，卻看到完整無缺的肌腱，那是先前醫生手術要切的部分。事實證明，之前的手術中，醫生切斷的是神經而不是肌腱。

接著我們在膝蓋下方切開了一個口，找到了小腿前方與後部的神經分支，我們順著這兩個分支走到斷點。結果發現斷點旁一公分是完完整整、根本沒事的腿後肌腱。

我和住院醫師對看了一下，兩人不發一語，對眼前這情況著實感到很震驚。就在裂口上方，坐骨神經已經被完全切斷，傷口處長成了一個醜陋球狀神經瘤，還有別的神經突觸從裡面向外生長，隨機穿過間隙。隨著時間增長，這些隨機穿出的神經會結成一團疤痕組織，這種組織不但沒有功能，而且受到壓迫時通常會非常痛。必須將受損傷處上下方增生的神經切掉一些，但這麼做會使兩端神經之間的距離更遠。為了能用自體神經修復損傷，我們從腿部一側取了腓腸神經來用。腓腸神經是條細長的神經，大約和吉他最粗的那根弦差不多，功能上也只負責足部外側一小塊區域的感覺，完全不會影響運動。從我職業生涯的某個時刻起，或許就是這一刻，我開始稱它是上帝送給神經外科醫師的禮物，因為它的長度很長而且只負責感覺，取來用不會造成運動障礙，非常適合用來修補。反正西蒙整隻腳都已經失去知覺，有沒有這條神經他也感覺不出來。

我們測量了中間缺損的神經長度，並將腓腸神經切成六等分，這樣就可以多接幾條神經修補這個間隙。我們用跟頭髮一樣細的縫線，再加上手術顯微鏡仔細的縫，整個過程花了好幾個小時才完成，包括縫合腿後這次手術切開的長長切口，但一切都很順利。早上一開始的時候我本來還想一次修復雙腿損傷，但當發現損傷實在很嚴重時，我意識到原先想法也太過自信了。尤其一邊腿部手術就做了八小時，真的沒辦法接著做另一邊。

幾天後我們再幫西蒙安排手術左腿，在腿後同樣的位置發現了類似的神經瘤以及完整無缺的後腿肌腱。我以同樣的方式重建了神經，但是左腿的間隙較長，腓腸神經不夠截成需要的段數。我在患部附近找了一條靜脈來用，先前準備手術時有讀到緊要關頭可以使用這條靜脈。兩天後西蒙出院回家了，不過還需要幾個月的時間觀察，才能確定移植是否成功。修復神經可不是換條電線，軸突——神經元——脊髓，神經訊息在這個路徑上傳遞著，完好無損的神經髓鞘，訊息就像寄居蟹一樣，從一個殼（髓鞘）換到另一個，而殼完整不動。慢慢的，從脊髓延伸而出的軸突又長回來了，每天一公釐。當這組軸突終於到達被切斷的點時，它們會驅向附近的引導管，無論縫合上去的是神經還是靜脈。每個神經連結可能都要六到九個月才能知道有沒有成功，未來要走的路還長著，更不用說一次十二個連結了，所以我們都先沉澱下來等了一段時間，儘管受損嚴重，但我還是滿懷希望的。

術後兩週安排了追蹤檢查，我在走進診間之前，先在門外花了點時間做心理準備，上次走進這房間時，他那痛苦的樣子實在令人難忘。但這一次，西蒙好好的坐在椅子上，燈也是亮的，我進去之前他正和家人說笑，逗的大家樂呵呵的。他已經可以完全不用吃止痛藥了，這是個了不起的轉變。即使此時腳還是不太能走，但疼痛感消失已經是個巨大的變化。後來過了六個月，他一邊的腳踝開始能彎曲了；七個月時他兩邊的腳踝都能彎曲和伸展，連大腳趾也能動。我最後一次見到他，是在手術十八個月後，他行動不穩但至少能走路，腳也恢復了一定程度的知覺。他得意的向我表演踮腳尖，這恢復情況不但好，還遠遠超出了我的期待，他顯然做了大量運動，也恢復了不少力氣。他自豪地告訴我，他和他的朋友們踢了一場足球比賽，他的父母坐在他身後，笑容燦爛。

他的母親說：「我跟西蒙說要戴上你給他的那些腳踝支架，結果他把支架踢開繼續向前走。」「媽，戴這個只會讓我的傷疤發癢，」他邊說邊伸手揉搓兩條腿後的傷疤，「還有，我用不到它們。」

最後一次回診快要結束時，他的母親不出意料的問了我一個問題。

「你覺得我們應該告那位醫生嗎？西蒙這事情不應該發生，這跟術前和我們講的完全不同。」

對旁人來說，答案似乎再明白不過，但這對當時的我來說，要我建議家屬採取法律行動，那感覺就像站在一個深淵前面。多年來我一直認為自己沒有權力批評他人，而且腿後神經離肌腱的確很近。

接著我想到了他們第一次來看診的情形，他父親在他哭的時候，是如何撫著兒子的頭髮安慰他。

嘿，西蒙，沒事的，小伙子。

這個資源有限的家庭，為了帶兒子求醫已經停下了一切生活，雖然他確實慢慢在好轉，但儘管如此，他也永遠回不到過去那樣了。我輕聲問說他們是否和律師談過，她說沒有，他們想聽我的意見，他們想知道如果是我自己的孩子，我會怎麼做。這是個我一直很小心的問題，是個讓人戒慎恐懼卻又熬不過心裡那關，必須誠實以答的問題。

此時我腦海裡浮現的是他父親那句：「嘿，西蒙，沒事的，小伙子。」

「是的，」我回答道，「是的，如果是我兒子，我會去找律師，這的確會有幫助。」

我們繼續談著，我答應會盡力協助他們，我願意作證，把我在治療時看到的情形和結論都做為證詞。在某種程度上，我相信法律原則裡的不證自明原則（*res ipsa loquitur*），依證據推定過失。

在我離開檢查室之前，我看著西蒙，告訴他後續恢復看來會越來越好的，我們都為他感到驕傲。

然後我不自覺的脫口而出，說了下面這些話：「西蒙，無論發生什麼事，你都不要認為自己比別人差。這只是你生命的一部分，一個需要努力克服的部分。」

「要保持這樣的想法。」我對他說。我看著他的父母，他們看著西蒙，而他父親，眼裡含著淚水。

視訊作證訂在一個月後的某個早晨，在醫院會議室，陽光透過百葉窗傾瀉而下。我拿了幾張手術時拍攝的照片作為證據，放大印成海報大小掛在繪圖架上。訊問開始，雙方律師輪流問我問題時，我的心思只在男孩身上，那個蜷縮在我檢查檯上的男孩。在我的行醫生涯裡，縈繞心頭的總是那些自我反省，是退縮著不敢點明的問題：**你沒有做好充分的準備、你不夠努力、你沒有資格做那個手術、你是怎麼判斷的？**通常那些聲音只在心裡，但這次感覺可不同。

隨著律師們鼓舌如簧，我也是第一次聽到對方是如何攻擊這家人的。攤在我眼前的是經過公證的醫療紀錄副本，有關於術後孩子明顯無力和劇痛的情形，前一位外科醫師在病歷上簡短的記錄著，說這家人是在裝病、誇張表演。律師要求我朗讀內容好納入正式紀錄，暗指這家人就是難搞、只想開止痛藥了事。我傻眼了。

我當主治醫師第一年時，找了費雪醫師（Wink Fisher）當我的合作夥伴，為的是能有人給我建議和指導，他是名受人欽佩又聰明的血管神經外科醫師。費雪為重病患者手術的經驗豐富，一生都在鬼門關前拔河，曾經從邊緣拉出一些人，但也曾送走過一些。他對我說，這行只要做的夠久，都會遇到術後病人出現併發症，或產生無法預期的問題，大家都會遇到，這時不應該逃避病人或家屬，反而更需要靠近他們，讓他們感覺到你的存在，知道你和他們在一起，他們需要時你都會在。直到今天，這些忠告一直伴隨著我。

但現在我卻聽到有外科醫生嘲弄受苦的病人，而這個苦還是病人自己造成的？那醫生的所做所為，只是為了甩開這個我如此用心、花時間治療，並肩走過這段路的家庭？我真心感到憤怒，怒火燒光了我最後一點矜持，結束作證後，我對辯方律師團隊的鄙視真的無處掩藏。

過了幾週我聽說這個案子已經和解了，但我不想追問後來到底發生了什麼事。我只要知道西蒙持續在進步中，而正義在一定程度上已經伸張就可以了，一個圓滿的結局。然後得繼續治療下一個病人，我已經盡了一己之力。

這故事在我心裡放了十多年。後來那幾年我想像著那男孩長大了，找了份工作，他的父母也退休了。願他已經把那些蜷縮在黑暗中的回憶和痛苦拋諸腦後，每當他注意到腿上的傷疤時，希望他能把注意力放在這些疤痕背後的意義。在我後來處理的所有神經損傷案例中，我都會回想起這個故事，在手術室或課堂上，會向住院醫師或學生們講起部分過程。我心裡會默默希望他一切安好，一定要。

最近有位住院醫師問我，知不知道西蒙長大以後的情況。這個問題喚醒了我的記憶，之後時不時會想起他。以前我會說服自己，只要記住生活中正向的一面，也不要去想負面的事。接著，就像當年我在那次十八個月後的追蹤治療時，回答那家人關於法律干預的問題時改變了心意一樣，我決定聯繫他們，關心這些年來西蒙的生活過的好不好。

經過一番研究，我找到了他父母的電話號碼。十多年過去了，我不知道現在情形會是如何。我拿起電話反覆至少撥了十次，才終於強迫自己撥完電話。

西蒙的媽媽接了起來，我立刻認出了她的聲音，為他治療那時的感覺再度湧上心頭：術前訪問、手術後的討論、追蹤情形。還有手術前那些沉重的溝通，以及後來他明顯好轉時的愉快談話。我和她共同走過一段，我聽到自己的聲音裡，有股掩飾不住的緊張。

在我自我介紹後，對話停頓了一下。

「哦，我的天，是威倫斯醫生！」她說。「大家快來！」她喊道，「是威倫斯醫生！」我聽到背景中的騷動。「醫生你一定會感到很驕傲的。西蒙今年二十一歲，他不靠別人幫助自己讀完了高中，還在附近的陸軍基地當直升機維修機師，現在人就在基地。他努力工作，能自己謀生。」她自豪的繼續說著，西蒙過的很開心，能開車也能靠雙腳走路「去任何他想去的地方。」

「而且還不用戴上你給他的那些支架。」她說著，我們一起笑了。這份純粹的快樂如此美妙。過了一會，話題轉到了法律案件的宣判結果。她接著說，他們找的律師是遠從一百六十公里外的一個小鎮過來的，因為當地所有律師事務所不是利益迴避，就是已經被對方聘為委任律師，我不曉得還有這事。她說因為我的證詞，最終雙方達成和解，要是真的上法庭，那位外科醫生肯定會被判醫療疏失。雖然那位外科醫生從未正式承認切斷神經是他的錯，不過那個和解補償還算能讓那家人接受。

她又接著說，那位外科醫生後來被舉報開立非法鴉片類藥物，醫師執照遭暫時吊扣，後來有新聞報導說，他因涉嫌與患者有不當行為，自願放棄醫師執照。面對這突如其來的全面更新，讓我覺得最諷刺的地方是，以前的我根本不願意開口建議他們找律師。

「這樣的事總有辦法解決的，」西蒙的媽媽說。「我們都只是摸石子過河，我很慶幸做了該做的事，發生在他身上的事情是不應該發生的。」

「西蒙在生活上不需要大家援手，」她補充說。「他一直都認為自己和常人無異，正正常常的生活著。」她停了下來，然後聲音開始沙啞。「從我們最後一次見面那天開始，他就已經在按照你的吩咐過日子了。」

接著我聽到她的哭聲，「你會為他感到驕傲的。這孩子不曉得為什麼，變得比我們想像的更強大。」

二十二：另一邊

幾年前在某個手術排得特別滿的一週，週六早上巡房結束後，我等不及坐到辦公桌前，等著比對腦部核磁共振檢查影像，患者是我前一日下午剛手術過的十八歲男生。他的後腦有一群奇形怪狀的海綿狀瘤，確切的說是左側有一串，佔去了小腦大部分的空間，它們緊貼著腦幹突出，延伸到小腦橋腦角（cerebellopontine angle），這是個重要的區域，富含重要的血管和神經。前一天早上當即時影像在我的螢幕上輪播時，我可以清楚看到剩下的血管瘤，就藏在最深處。他罹患的是海綿狀腦血管瘤，跟第十一章提到的愛莉一樣，只是他的位於小腦與側腦幹的內外部，不像愛莉是完全位於腦橋內。

有時血管瘤的大小、形狀會一直維持原樣不變，有許多人很可能終其一生都不知道自己有這個毛病。但有些患者的血管瘤會變大，可能會壓迫大腦重要區域，也可能導致癲癇發作甚至破裂，情況嚴重時會危及生命。多年前，這男孩就是因為腦血管瘤破裂，找了別的外科醫生做了手術。那時是救命的緊急情況，因為那個位置很難切除，醫生認為風險太大，所以當時沒能切乾淨，留了點病灶。後來又風平浪靜的過了好幾年，直到最近因為不明原因，瘤明顯變大了。

即使到了現在，二十年過去了，我每次在等術後核磁共振檢查結果時，都還是會等的有些心急。掃描結果對患者還有他們的爸媽影響之大不言而喻，而對於外科醫生來說，這代表了**手術是否成功**。檢查結果還涉及另一個關鍵：術後孩子醒來情形會是如何？他們能不能恢復正常？**手術有沒有切的太過頭**？過程中有沒有傷及大腦？我們是否已經做了必要措施切除病灶，同時還設法保有大腦認知、記憶等高階功能完好無損，讓家屬得以帶回一個與原來相差無幾的人？

多年前當我終於完成訓練，真正開始執業的第一個月時，獨自扛起小兒神經外科醫師的擔子，不再像實習生有前輩陪伴一起進手術室。曾有一度我坐在高級合夥人傑瑞．奧克斯身旁雙手抱頭，因為在我切除語言區旁邊的腫瘤後，患者發生暫時性失語症。術後掃描腫瘤清的乾乾淨淨，但他花了整整一天的時間，才恢復了一些語言能力，這是我人生中最漫長的一天，還好最後確認他會恢復才鬆了一口氣。當時我坐在傑瑞的辦公室裡，雙手不停緊張的搓揉著，也不確定他會說什麼，或許會問我要不要來點護手霜，也許說說他剛當外科醫師時的故事。

傑瑞在辦公桌前坐了一分鐘，然後抬起頭看著我說：「歡迎來到大聯盟。」

現在我又想到這段，自己身處在這個醫學聯盟，然後在無法切除的病灶前晃來晃去，心急的等待掃描影像。以我從事小兒神經外科二十年的經驗來看，重做切除手術比起前面提到的那種殘留部份病灶的手術，或是復原手術，都要更複雜些。

海登（Hayden）是這個年輕人的名字，自從他初次手術以來這麼長的時間裡，他母親難得的小聲啜泣起來，就在他與父母和我討論二次手術的必要性和風險時。我想，要評論我手術的成效，方法很簡單，手術後男孩得活著。對家屬說出二次手術這個建議，也只是暫時鬆了口氣，**我沒有把話全說完，那就是他得再次接受手術的風險，我實在非常抱歉**。相信我，我也是時時刻刻提醒自己儘量不要二次手術。事實上，現在醫院指標有一項就是針對重複手術（returns to the OR, RTOR），會有行政人員、護士或醫生追蹤，是衡量醫療品質的指標。就把它想成投手的防禦率（earned run average, ERA），只不過這是用在外科醫師身上，而非投手，總之，越低越好。我們也希望盡量不做，而且保險公司也會縮減二次手術的給付，當醫院遇到這種情況時，院裡的財務長也不會高興。這不奇怪，父母們更是不喜歡，還得再加上一位，我也不愛。

我與這個家庭的關係能追溯到很久以前。自我來到納許維爾這八年裡，每年都會在診間看到海登和他的父母。每年他都長高一點、成熟一點，總是有禮貌的說「是的，先生」，再加上有力的握手。去年海登自豪的告訴我他夏天到工地上班，用自己的雙手從打地基開始學蓋房子。他對這份工作感到驕傲，從一開始揮揮錘子，到去年夏天已經開始學釘槍了。他的平衡、力量、反應時間，所有一切都是他工作的本錢，但這對他來說從來不是理所當然的，因為他很久以前曾手術過，術後也花了不算短的時間復健。

自從他第一次到院看診以來，他的腦部核磁共振結果一直很穩定。這些年來我一直在追蹤他的情況，他的掃描圖左側下面有一個穩定、形狀奇特的血管畸形，像小顆大理石大小，靠近第七和第八神經的起點（這兩對神經影響左臉運動，聽力以及平衡）。如同前面所說，自從前一位外科醫生的術後掃描開始，這幾年他的海綿狀血管瘤一直保持原樣。他父母也不想要在塵埃落定幾年後，又去動一次完全切除手術。海登一開始的狀況是腦出血，再加上手術，神經受損花了一些時間才恢復，現在他的神經系統好好的，也就覺得保持現狀蠻好的。手術已經是很久以前的事了，他和他的父母也已經熬過去了，他們習慣了每年回診追蹤掃描、確認沒有變化這樣的節奏，完全認為這件事在人生中已經成為過去。

其實我也是這個感覺。

幾週前，我在候診名單上看到了他的名字，一直期待著和他們會面，期待聽到他的生活近況和下一步。海登十八歲了，病況都穩定了這麼久，終有一日幸運會帶著他，把所有這些回診和檢查，變成遙遠的記憶。

上次回診已經是一年前了，我讀著那時寫的病歷，邊喝咖啡邊叫出當日稍早他的核磁共振檢查結果來看。多年前我就已經懂得，核磁共振檢查後到真正和家屬討論前，中間不要浪費太多時間，所以現在我走進診間，第一件事通常都是先講結果。

那次從電腦螢幕上看到的掃瞄結果，讓我咖啡只喝了一半，變化不小。我把杯子放在桌邊，把椅子拉近。

血管瘤變大了，不是大一點而是變大很多。病變不再是一小塊大理石，而是原來的五倍大，而且已經壓迫到周圍的大腦和神經。不知道什麼原因，從上次檢查到現在這一年間它變大了。

事情還不只這樣，海登的大腦中又多出現了幾個病變，看起來就像是小墊腳石，從小腦淺層慢慢向內越來越大顆，嵌入側腦幹中。最深的一個已經長到差不多快突破腦幹表面，只剩下薄薄的血管壁包著血液，就跟愛莉一樣，手術是唯一解。

當我滾動鼠標滾輪，看著螢幕上一張張閃爍的圖像時，我能想到的只是我走進診間時要說什麼。

若是看新病人的掃瞄結果，通常會是在進急診或進病房前，這些圖像對我來說是中性的，抛開情感、無涉人性，那短暫的時間裡，重點只在解決問題。診斷結果或許會給人帶來痛苦和焦慮，但那還不在考量範圍裡，還可以趁這段時間整理思緒，在腦中先規劃療程，沙盤推演必要措施，一步步解決問題。為父母和患者訂定治療計畫非常重要，有計畫會讓事情平順的多，這會讓人從沒有頭緒到有具體方向。

但只要認識了病人和家屬，這個方程式就會改變了。螢幕上呈現的問題不再只是純學術、不再遙遠，醫學影像對人來說是次要的問題。腦子裡的念頭，從單純的看完斷層掃瞄後，準備進手術室處理下脊柱骨折，添加成了兒科加護病房中愛和姐姐一起爬樹的六歲男童。原本只是核磁共振發現患者有第一型琪亞里症，一種先天性的小腦下部過度生長畸形，成了十五歲女孩因頭痛而無法打壘球，而她的夢想是一路打進大學。電腦螢幕上凹陷性顱骨開放性骨折，變成了急診室創傷處理區裡的兩歲女孩，她和爸爸去托兒所的路上突然被前面迴轉的車子撞倒。儘管得面對這一切痛苦、悲傷、焦慮，還有我情不自禁的情感投射，但神經外科醫師的角色就是要解決問題，在能解決時為患者想方設法。無論是急診處理還是長期治療，父母都需要聽取進一步的建議，讓他們從那天翻地覆的生活裡，再拿回一點點的控制權。

我還沒打開診間的門，海登和他的父母就已經知道事情不對勁了。早幾個星期前，他的左手就已經開始不協調，他們都懷疑事情不單純，即使沒拿出來討論，但各自心裡都有數。一週前他在家吃飯吃著突然站起身，因為手抖到無法切牛排。當他匆忙跑回自己的房間時，還把椅子弄得彈了開來，但家裡人卻只是默默低頭繼續吃飯。

要是我的孩子，我肯定會立刻想知道怎麼了。我有張可怕的撲克臉，沒辦法親切地把很難讓人接受的話說得入耳。所以我片刻不停，招呼還沒打，甚至沒時間坐下，就直說：「嗨大家好，腦瘤變大了。」

然後，當大家低著頭整理思緒為這個現實準備時，我靠近海登想檢查一下他的狀況，這讓當下不協調的氣氛更淋漓盡致。毫無疑問的，海登的情況惡化了，我要他伸出右手去接我手裡的鋼筆，動作很順沒問題，但要是改用左手就根本不行，因為腫瘤，他無法用左手正常抓筆，最後只好用右手來拿，再把筆遞給左手。我把電腦檢驗圖叫出來給他們看，我們先請一些孩子離開房間，討論手術時可能會說到比較血腥的內容，得重新審視風險，但海登必須留下，這點無庸置疑。他想待著聽明白，我也正要開始，有計畫比較安心。

當我講完時，他爸媽都面無表情，兩人坐著抬頭看著兒子。

海登一直靠在檢查台上，在我解釋計畫時盯著他的左手，平靜的抬頭看著我說：「醫生，我要你把瘤切除。」

「我會的，海登……」我正要答話，但他接著打斷我。

「但如果你手術時發現瘤已經太深，我希望你停下來。」

討論在這裡停了一下。

我保持沉默，不知道該怎麼做，然後他繼續說。

「停下來再從長計議並不丟人，醫生，」他說。「你照顧我很久了。」

他頓了頓，抬頭看著我，「我相信你。」然後抬頭看著他的父母，「我爸媽也是。」

他們目瞪口呆地看著他們的兒子，然後看著我點了點頭。

他繼續說，「如果你發現要再做一次那個核磁共振，然後重新手術，那就這樣吧，解決這個問題吧，該怎麼做就怎麼做。別誤會我的意思，我想要拿掉它，但我希望手術後我還是可以保有蓋房子需要的能力，使用錘子什麼的。」他頓了頓說，「我需要能使用我的雙手。」

他轉頭看向窗外。

我被他的成熟驚呆了。幾分鐘前他才剛聽到事實，證實了他心中懷疑許久的事，現在卻能這般冷靜、實事求是。我驚呆了，我大部分的病人年紀都比較小，這跟和年幼的病人溝通很不一樣，並不是在診間送張貼紙，或是坐在床邊用最簡單的方式對小病人說：**要拿掉傷害你的東西，幫助你好起來**。這個年輕人允許我，如果手術中發現還有需要釐清的地方，可以暫緩重來。為了確認情形，可以再用影像記錄，評估另外開刀。想到這裡，重複手術這個評量指標，真的很可惡。

幾天後進了手術室，幾年前手術留下的傷痕，讓術前的沙盤推演派不上用場，因為解剖結構已經受到前次手術影響而改變，無法對照。海登的小腦經過這些年也產生了疤痕組織，關鍵結構之間也已經變化。在手術顯微鏡加上超音波的引導下，終於找到了第一個海綿狀血管瘤，我們向內深入，盡可能地切除所有病變，直到觸及病變起始處，在第七和第八對神經根部那個主要海綿狀血管瘤。這兩對神經都貼在海綿狀腦血管瘤表面，而它們都很脆弱，只要動作稍微過頭都很容易傷到。可是在腦部這個狹小的空間裡，所謂劇烈是以公釐來算的，我試著從腦幹一側剖離血管瘤，房間一角馬上傳來警報。那是神經監視器，即使是最輕微的損傷，都可能造成眼瞼開闔、口部動作或聽覺神經永久損害，所以在這種情況下我們會監測這兩條脆弱的神經。我停下手術刀，然後再換個角度，從海綿狀腦血管瘤的另一側下刀，結果警報再次響起，這次警報時間比我預期的要長。該死的，顏面神經功能正在喪失，再下去可能會造成永久性的損傷。

第七對腦神經從腦幹外延伸而出，承載著來自大腦的信號，負責臉部動作。神經對外在影響極為敏感，尤其當它被腦腫瘤或其他不應該存在的病變推擠、表面被拉得很薄時更是。下刀要是深了點，他整個臉部左側都會癱瘓。

我決定暫緩一下再試，如果警報停了，那麼永久性損壞的風險就會降低，表示可以繼續開刀。我們稍微沖洗了一下手術部位，用無菌液體那微小的弧線讓受刺激敏感的神經平靜下來。警報慢了下來，然後停了，這表示顏面神經功能已經恢復。接著我們又重新開始，然後警報又來了。只好又停下來沖洗。就這樣又反覆循環了兩次。

「威倫斯醫師？」住院醫師試探性的叫我。這是個特別困難的手術，所以她今天大部分時間都花在見習。她先是叫我名字引起我的注意，然後說：「我覺得現在差不多該是停刀的時候了。」

當然，她是對的。

所以我們停了下來，即使我知道可能需要再開一次刀，但我想起幾天前海登對我說的話。

我相信你，我的父母也相信你。

第二天的核磁共振檢查結果證實我們料想的，確實還有血管瘤沒拿乾淨，我和家屬說了手術室和麻醉團隊都在待命，當日就會再進手術室。由於神經非常敏感，這次我們會試著把下刀角度挪一點，我覺得從不同位置下刀，有機會可以把剩餘的瘤拿掉。

在腦部手術中，改變下刀角度或是沿不同軌跡進入時，過程會有很明顯的不同，就像是走完全不同的路到同樣的目的地。只要改變一點角度，即使只是幾度，所見到的腦內組織間的連結也會不一樣。在手術顯微鏡下，這樣的變化足以影響到是否能切除腫瘤或血管瘤，是否會拉傷顱內神經，又或者是否會因視覺死角不小心撕裂腦血管。很快海登又被麻醉了，這次我們從稍微不同的角度，回到了同一個地方。在那裡，在那個傷痕累累的區域裡有海綿狀血管瘤，有個薄得異常的靜脈已經有紫色凸起，從大腦向外擠。從這裡比較容易追蹤到已經受傷的第七和第八對神經，它們整個纏繞在血管瘤周圍並穿過內耳道，這是耳朵與腦相通的內孔（相比之下外耳道較為人熟知，算是內耳道的伙伴）。

在顯微鏡下，他的海綿狀血管瘤看起來像兩顆相連的黑莓。前一日的手術到底有沒有開到這個最深處的病變，其實我們也沒辦法確定。它一部分在腦幹，另一部分在第七和第八對神經之間，但這次就清楚多了。我們輕輕劃開第七與第八對神經之間的海綿狀血管瘤側面的膜排出血液，並用顯微剪刀仔細的把血管瘤從神經上剝離，小心翼翼避免觸發監視器警報。這免去了先前一直造成監視器警報的那股扯拉神經的力，雖然警報曾短暫觸發，但也很快就停了。

我花了半個小時在患部仔細搜尋，看有沒有殘留的海綿狀血管瘤，直到確認切得一乾二淨。每次心跳，大腦都會輕微地跳動，分毫不差；脊髓液也是透明的，沒有莫名的出血跡象。該是縫合的時候了，我告訴自己再檢查一遍，直到窮盡所有位置。切的很乾淨，肉眼可及沒有任何殘留的病灶。縫合了，緊密的縫合硬腦膜、更換骨瓣，再縫合皮膚，接著住院醫師在傷口上放敷料，並包紮頭部的手術區域。

然後我們等著海登醒來。

令我們驚訝的是，他在四十八小時內兩度進出手術室，還加上一次核磁共振檢查，歷經三次麻醉，醒來後情況竟能明顯比先前好。他的臉部動作不但不受影響，而且左手協調能力還有實質的進步，不是些微的改善，而是很明顯的進步。當他被移到重症加護病房時，人在病床上還能伸出手臂向我豎起大拇指。我滿懷希望，但我和家屬們對於隔日早晨的掃瞄檢查仍不敢掉以輕心。

星期六早上巡完房我就回到辦公辦等，等著掃描結果出爐。老實說前一天我睡得不安穩，斷斷續續的，有一部分原因是我在輪班待命，有諮詢進來打斷睡眠，但也有些是因為結果揭曉前惴惴不安。這些年來這樣競競業業的過程，對我來說始終沒變過。隨著時間慢慢接近，那種等待變得越來越難熬，其他事情都不重要了，**拜託掃描結果一定要是乾淨的，求求祢。**

我再次按下重新整理，然後按暫停。

還是沒影像。

我打電話到核磁共振控制室：「威倫斯醫師，他人還在檢查檯上。」檢查室的人習慣了我直接打分機去問，笑著要我耐心點。我好想放飛自我對著辦公室的電話大喊，但我忍住了，我笑了笑放下話筒。

然後，檢查結果突然來了，核磁共振檢查完成，我滾動著瀏覽圖像。先快，後慢。然後換了個角度再做一組切片，然後再換一個，多個角度檢查確保結果正確，慢慢的全部完成了。

結果很乾淨。

所有的海綿狀血管瘤都清除了，包括二次開刀割除的那個。

我靠在椅子上，閉上眼睛，如釋重負，感覺到一股感激之情充滿身體，維持了好一陣子才褪去。我感謝能達到預期的結果，而他術後醒來也恢復的很好，感謝我有機會能走進加護病房，告訴海登家人他接下來十年，以及未來會越來越好。當然未來還會有新的挑戰，但已經不用再擔心殘存的海綿狀血管瘤或是手術，還是說哪天腦出血、又在手術時發生失誤。這些會影響一輩子的問題，已經不再是如影隨形的陰影。為了以防萬一，後續還是需要長期追蹤掃瞄，但這些年來心裡的大石頭已經放下，已經能說服自己，一切都會好起來的。

當然，醫院的重複開刀率會因此上升，另一個指標「平均住院時間」也會增加，這兩個醫院管理部門用來評估我手術成效的指標都會差一點。想到這裡，我心頭還是緊了一下，也不知道為什麼，即使行醫多年孰輕孰重了然於心，但我發現自己還是無法完全擺脫考評指標這個緊箍咒。

我關掉螢幕上的影像向後靠，回想著幾天前海登跟我討論的場景，就是在那次談話之後，他確認自己的海綿狀血管瘤已經變大，但他想要回到原來的生活。我能想像他蓋著房子跨坐在屋頂上，頭頂著蔚藍天空，釘槍的聲音劈啪作響。我開始幻想那些未來會住進他蓋的房子裡的人，他們會過著什麼樣的生活。房子一間接著一間，一排跟著一排，這一排排都是人類協作下的奇蹟。而海登的雙手現在已經穩了，工作起來不會有一絲顫抖。在辦公室裡的那一刻我閉上眼睛，想著那一排排的房子和裡面的人，再次提醒著我什麼才是真正重要的，那天本該縈繞心頭的指標和自我檢討，頓時消失無蹤。

二十三：奇蹟

幾年前，有位亦師亦友的前輩打電話給那時人在猶他州的我。他的團隊忙著急救一個八歲的男孩，男孩和他父親在一個寒冷的夜晚擠在車庫裡，結果遇到加熱器爆炸，一大塊熾熱的碎片彈開，劃傷了男孩的右頸，頸動脈上割開了一個洞，頸靜脈則完全切斷，還有其他血管有損傷，而且主要神經也受到嚴重破壞。要不是他父親在他脖子加壓了幾個小時，他可能早已經失血過多身亡。那位父親先是忙著在雪地裡開車送至外院，接著再用陸上交通接駁轉送到地區兒童醫院，最後到了創傷處理區，直到我朋友的團隊接手，將孩子送進手術室，修復受傷的血管。

神經損傷是朋友打這通電話來的原因，男孩的手臂休養了幾個月還是無力，雖然恢復了一些知覺，但右臂幾乎沒有功能。手術那晚猶他州的醫療團隊發現臂叢神經（brachial plexus）受損，這是個高度錯綜複雜的神經網，從脊髓延伸而出穿過鎖骨後方，連結手臂的肌肉。

臂叢神經結構相當複雜，我從唸醫科開始就很著迷，還在大體解剖實驗室裡花了不少時間。

那是從貫穿軀幹的脊髓延伸而出的無數微小神經根，剛開始時很細，但到後面會集結在一起，穿過椎管側面的神經孔。臂神經叢起於第五節頸椎神經，神經根部由頸外側肌肉保護著，被數條連接頭部的重要血管包圍，接著以固定的路線分裂集結向下，到鎖骨下方形成五條支配手臂肌肉的神經主幹。這神經讓人著迷的地方是，它在體內的分布路線幾乎人人相同，只有極少數例外，也就是說，三十年前學生時代在大體上看到的分布路線，現在依然能精準適用，像是生產時嬰兒創傷修復所見，就是完全一樣的縮小版。每次在手術室裡，當我們小心的將周圍組織與那珍珠般雪白的神經分離時，一條條形狀展現在眼前，令人聯想到繩結編織藝術：美麗、複雜、脆弱。

那個男孩叫雷納德（Leonard），幾個星期後，我在診所會見了他和他的父親，那時距離事件發生已經快六個月了。他們坐得很近，男孩把臉埋在父親身上，父親向我說明先前急救、治療，還有術後康復的情形。急救後經過三個月，他的手腕和手指開始能動，這表示遠端的神經已經恢復作用，但手臂癱瘓無法移動，則表示三角肌（肩膀最大的肌肉）那條最短距離的神經並沒有恢復。他的肱二頭肌神經沒有作用，手臂不能動，這表示他無法彎曲手肘，比如把食物放到嘴邊這個動作就做不到。受傷四個月後，他的手漸漸恢復力氣，但還是沒辦法有真正的功能。他能活下來真是個奇蹟，這跟他還繼續上學，而且過著充實的生活一樣神奇。

但我們要說的是，他的手臂恢復正常的可能性。我和雷納德父子好好坐下來，討論了再次手術的理由和風險。我告訴他們男孩傷疤和受損處太多，這次手術會繞過受傷區域。去動損傷修復過的頸動脈風險太高，我們會以手臂為目標，在上面找出神經來修補。他們聽的很認真，當我解釋完過了一陣子，父親轉向他的兒子，他才八歲，卻在短短幾個月內經歷了這番創傷。

「你想怎麼做，兒子？」他問。「這是你的胳膊。」

男孩抬頭看著父親的臉，他用左手抬起了自己的右手，先把右手繞在父親的脖子上，然後再用左手環抱住他。他把頭靠在他父親的肩上，輕聲的回答著，聲音細到只有他父親能聽見，然後他抬起頭看著我。

「我們想要奇蹟，醫生。」

我父親第一次提起自己的手無力，是在我請他做我男儐相那天。

接下來沒幾週他就被診斷出肌萎縮側索硬化症（amyotrophic lateral sclerosis, ALS），儘管我大量閱讀資料，拚命的想找出其他可能的診斷，卻仍然改變不了現實。後來的六個月，當我完成醫學院學業時，這個病已經無情的蔓延開來。成年以後我和父親在一起最多的時間，就是那幾個月。我盡量抽空從密西西比傑克森市開九十分鐘的車回到南部，因為我知道自己即將完成學業去杜克大學當住院醫師了，但他的身體日漸衰弱，卻也是無可挽回的事實。

那段時間我又陪著他開了幾次飛機，直到那時我才意識到，以前我把和他一起飛行的機會看得如此理所當然。而我們最後的飛行，相信也是他最後一次開飛機，那時他的手已經明顯無力了，還需要我伸手過去幫忙操控油門，調整飛機速度。在我和他一起翱翔天際的這些年裡，我注意到每次他降落時，似乎都會瞄準跑道白線上方的位置，當飛機平飄準備降落時，地平線緩緩升起、飛機隨著空速放緩進到停機坪時，他會稍微扭動一下方向盤。有一次他跟我說，這是為了確保方向盤沒有卡住，但我總覺得這是他對自己說他已經成功到家，心中再添一筆紀錄的象徵。

他告訴我，當他還是空軍國民警衛隊基地指揮官時，有次不但駕駛著他的F-4幽靈戰鬥機飛越墨西哥灣，還提前完成了計畫，回程時下方有艘海軍航空母艦。每個人都知道，空軍和海軍飛行員之間會相互競爭，海軍飛行員一直認為他們比較厲害，因為他們能將噴氣式飛機降落在航母上，有時甚至是在黑夜；空軍當然認為這很荒謬。那天，在那七千五百英尺高的晴朗天空中，我父親抓緊機會提前完成了任務，他向航母要求低飛進場，但只是低飛而不是真的降落在船上，如此一來他會在空中保持一定的距離和高度，看到甲板在白浪中上下翻騰前進的樣子。

在那段六個月的相處之中，他在飛往邁阿密的航班上向我講了這個故事，我們倆都知道我快要離開而他時日無多，所以盡量相互陪伴。我問他，那次在那艘航母上低飛進場的經驗，有沒有給他什麼啟發。

「兒子，我看著那個在水中上下起伏的小甲板，確實讓人領悟了一些事情，」他說，「那些海軍男孩可能不是最擅長飛行的，但該死的，他們可能是最會著陸的飛行員。」

那次父親飛往邁阿密是為了參加邁阿密大學的第三期臨床試驗，研究一種特定的神經營養因子是否對肌萎縮側索硬化症患者的壽命和生活品質有幫助。當我們抵達時，從登機口到行李輸送帶的路比預想的要遠，本來他還沒做好心理準備坐輪椅，但看這情形我還是向機場借了一輛。住在邁阿密附近的大姐開著一輛敞篷吉普車來接我們，爸爸的手臂因為生病使不了力，坐敞篷車時風吹到臉上，他也沒辦法擦汗或撥開頭髮。

到院後沒幾分鐘，他就注射了那個研究藥物，隨後做了一系列肌力試驗，可惜這些測試只突顯了那個曾經是我生命中最強壯的男人，現在變得多麼虛弱。多年後在他去世之後，我們才知道那時注射的藥物其實只是安慰劑，而不是研究藥物，不過後續的研究結果也證實注射什麼都沒差，因為研究藥物最後發現是無效的。

回程往機場的路程因為塞車延誤，一到機場我急忙把他推到登機口，但剛好已經停止登機。那個時候，起飛前最後調校時大門不會上鎖，儘管有警告標誌，老爸還是要我把他推過登機口、穿過登機門。接著一聲喇叭響起，幾名維安人員迅速向我們衝來。

他說：「繼續推。」我望向前方，在那一陣騷動下我們一直向前移動，直到空橋盡頭。當飛機準備要滑行時空橋被往回撤，和飛機之間錯開了大概六十公分左右的開口，傍晚的熱氣在空橋和機身之間翻騰著。

飛行員從駕駛艙的側窗向外看，表情驚訝不已。三個氣急敗壞的維安人員對著引擎大吼，還揮動手臂示意我們離開警戒區，其中一個還在空橋那頭急撥電話要求支援。

我父親試著舉起他的手臂，但軟弱無力的手只是懸在空中，只能示意飛行員開窗，儘管雙方有距離，但駕駛艙離我們只有一步之遙。周圍一片混亂，我已經不知道再演變下去，到時要怎樣向學校解釋這一切了。

「我是約翰．威倫斯上校，空軍國民警衛隊第一八六聯隊退役指揮官，服役超過四十年。」父親不知為何在這片嘈雜聲中喊道，「我患有肌萎縮側索硬化症，剛在邁阿密大學做實驗性治療，現在我兒子正要帶我回家，他是醫學系的學生。我們因為交通問題所以遲到了，對此我深表歉意，你能送我們回家嗎，機長？」

飛行員看了看我爸爸，然後看了看我，又再看了看他。他靠在駕駛艙裡，對著無線電麥克風說話，回頭看到維安人員點點頭。

飛行員示意其中一名維安人員將航道拉近一些。維安人員們揮著手要趕來的緊急支援先退下。隨著那六十公分的開口拉近，我們終於能搭機了。很快，機艙門打開了，兩名空姐目瞪口呆的看著我們。

「別愣在這裡等著，」爸爸從嘴角低聲對我說，「我們進去吧！」

我推著輪椅穿過機門，上了飛機。爸爸因為疲勞身體特別虛弱，需要比平時更多的幫助才能坐進靠走道的座位上。維安人員們好心的幫忙把輪椅搬下飛機，他們離開時還轉身向我父親揮揮手，給了他一個溫暖的微笑。

駕駛艙門打開了。很快，飛行員出現在我們面前。

「果然，我就覺得這番騷動肯定是空軍造成的，」他邊說著，臉上綻放出燦爛的笑容。接著他開始自我介紹，「我是退役海軍，在軍中升到了上尉，後來為了太太才退伍回歸平民生活。」

「上尉，」我父親答話，「我真不知道該怎麼感謝你。」

「上校別客氣，這是我的榮幸。你坐著放鬆一下，這次飛行可是由美國海軍來服務你的。」他邊說邊微笑著，快速的行了個禮就轉身離開了。

機上一片鴉雀無聲，當引擎發出嗡嗡聲要起飛時，我們還看著電影《終極殺陣》（*Taxi*）。其他乘客悄悄地朝我們的方向瞥了一眼，然後又低頭看他們自己的書，彷彿什麼也沒發生。

「好吧兒子，」爸爸轉過頭來微笑著說，「至少我們知道我們會順利著陸。」

猶他州的男孩已經在手術台上麻醉睡去，他整個右臂、脖子和胸部都經過仔細的術前準備，那徹底的儀式感，甚至讓我一旁的伙伴們比做祭司在準備祭壇。手臂拉離開身體，以九十度角向

上並轉成揮手姿勢，下面墊上一疊折好的手術拭巾。我們可不傻，今天我們要創造奇蹟。頸部是爆炸主要受傷的地方，不但有鋸齒狀的疤痕，從這邊開刀還可能破壞原先修復好的血管，冒著再次出血的風險，我們不會去動它。今天的計畫是挖東牆、補西牆，從手臂下方肌群裡找到可用的神經束或相連神經，用這些備用神經重新連結失去功能的肌肉。

手術遮簾周圍傳來呼吸器規律的嘶嘶聲。我們切開了一個口，這個切口沿著上臂內側二頭肌和三頭肌之間的深溝延伸，我們小心地找到了溝裡幾條神經。一旦找到目標，手術顯微鏡立刻登場：直接進入二頭肌的神經束，還有負責手腕和手指彎曲的尺神經。在顯微鏡下，我們解開尺神經的神經膜，用縱切的方式解開這個保護鞘，然後把內部細小脆弱的小神經束攤開。負責神經監測的技術人員出聲警告，這條神經正如我們預期的受到刺激，但沒有損傷。

每次在處理這樣的案例之前，只要手術一切就緒，劃開皮膚前我會小心地把一對細小的探針分別插在手臂和手的主要肌肉上。針連接著不同顏色的電線，這些電線沿著手臂垂下，一路連到監測站，由專門技術人員操作、監測，訊號在螢幕上呈現一排排波浪狀的圖，透過肌肉狀態監測，可以找到神經路線圖還有我們需要的神經。這種監測在做複雜的神經手術時非常有用，對今天的手術尤其關鍵，因為我們不只會刺激到神經，還要剪斷它，至少要剪下一部分，所以在動手之前需要確定哪些部分不能剪。

接下來要在尺神經裡找神經束，這束神經負責支配能讓手腕屈曲的肌肉。人體的奧妙之處，在於許多地方都有多餘的結構，例如有備用的腎臟、卵巢、睪丸，或是脖子兩側都有連接大腦的血管。我們要做的事就是當駭客，駭進去借用這些冗員。要彎曲手腕需要幾塊肌肉，它們是由尺神經和正中神經這兩條主要神經所支配。首先要找到在尺神經內微小神經束中的冗員，將它們剪下來，然後縫進二頭肌的神經中，用來幫助恢復二頭肌的功能。當事故發生神經叢受損時，它的上游功能就喪失了，但隨著神經狀態復元的過程，大腦會重新訓練這條接進去的神經，讓它適應指揮新的肌肉，駭客任務無誤。

我們解剖出尺神經束，在手術顯微鏡最高倍率的幫助下，一束微小的光照亮了原本黑暗的手術過程。我們使用鉤形探針來刺激我們的目標神經，一經確認這是我們要的神經束，就立刻剪下。

我聽到房間角落傳來輕微的叫喊聲。

「醫生等等，出問題了。」技術人員焦急地說。

「啊，對不起，」我忘了告訴他我們要剪了，「沒事沒事，我們正要剪斷神經。」我回應道。

「我差點弄得要心臟病發了，」他回答。「你知不知道你這麼做還真能嚇得我胸痛，唉。」

口罩下的我微笑了一下後繼續。接著我用小剪刀剪斷進入二頭肌的神經，確保尺神經束和目標神經有足夠的長度連接，然後用髮絲般細的縫線，將兩條神經縫在一起。它細到手術室裡要是有任何小氣流，都能將縫合線從顯微鏡下吹出，直接在我們眼前消失。通常我在做這個環節時，都要提醒自己摒住呼吸，盡量保持身體靜止不動。尺神經束縫入肌肉的神經殘端，兩端則以一種能幫助單一神經穿過微觀間隙生長的方式連接。

刷手護士一邊看著眼前的螢幕上播放著過程，說著：「從這邊看情況還不錯」。「已經完成了一半，」我說，「接下來是腋下。」現在得努力讓他肩膀能恢復運動。我們繼續往已經消毒、剖開的右腋窩前進，目標是那薄薄的皮膚下豐富的血管和神經網路。我們越來越靠近損傷部位的臂叢神經，很快我們就找到了那兩條目標神經，做好神經刺激測試，為手術第二部分做準備。這個步驟就像先前完成的那個步驟，被稱為神經移植重建技術，起源於第一次世界大戰期間治療傷兵的經驗，距離現在已經超過一個世紀。

人體上臂後部肌肉因為有三個接頭，稱為三頭肌。每束肌肉都有自己的神經分支，來自橈神經。雷納德的三頭肌恰好已漸漸恢復了全部功能，能夠好好的伸直手臂，所以駭客又上場囉，這塊肌肉只需要兩個頭就能運作得很好，所以另一頭的分支可以拿來用。剪掉長段（這次記得先告知技術人員了）後，我們將它向上挪到腋神經，這條神經連接到腋窩深處的大三角肌，而三角肌負責肩部大部分動作，接著我們切斷腋神經，然後繼續顯微修復，修好後迅速縫合肌肉層和皮膚，直到縫合完畢。

神經外科醫生常把腦脊液相關手術說成「水管工」、把神經手術叫做「電工」。但實際上，修復神經不像修理電路，電線接起來、按一下開關燈就會亮，效果遠非立竿見影。其實神經生長很緩慢，每天最多一公釐，那感覺就好比電工已經修好離開你家，地毯也舖好、家具擺好帳單付清，但六至九個月之間燈都還不會亮。每次我們做神經修補手術，無論事先做了多少心理建設，都還是不免感到術後這段期間的等待度日如年。

六個月後，我在第一次見到他們的同一間診間裡，再次見到了這對父子，他們兩位都容光煥發。

「他迫不及待想秀給你看。」他父親說。

「嗯，給我看看！」我對男孩說。「我也等不及了！」

他抬起左臂揮了揮。

「右臂，雷納德！」接著我們都笑了。

手術前需要與患者開誠布公的討論，要非常坦誠，讓父母甚至孩子都了解手術的必要性。有時情況簡單明瞭，有時又難以決定，但從來沒有所謂的一〇〇%保證。不保證一切會按術前討論的，也不保證不會出現手術併發症。在腦部以外的小兒神經外科領域，像脊柱或臂叢神經，那附近總是有血管或神經，甚至是脊髓；而開腦手術則會影響到說話、動作或是視覺，成敗就在幾公釐之間。我覺得有責任確保患者和家屬了解手術的風險、降低期望。這個想法可能是我其中一位導師傑瑞灌輸給我的，他曾被倫敦大奧蒙德街兒童醫院的護士警告，不要在手術前與家屬交談，因為他這是在「用猶豫不決和不見得會發生的併發症嚇病人。」

在這次手術前的討論中，就在這個房間裡，我告訴他們，如果他的手能恢復觸摸鼻子的能力，而且手臂能向外移動幾度，就已經很讓人滿意了。但雷納德卻能舉起雙臂，得分！我們都開心的叫起來。住院醫師和護士在門診大廳裡看著我們，看到我們三人興奮的抱在一起。

然後雷納德看著我，「還有一件事，威倫斯醫師。」他邊說邊把右臂舉到額頭上，敬了個禮。這是一個簡單的手勢，稀鬆平常。但每當我看到它，無論我人在哪裡，腦海裡浮現的都是我父親。當我們在檢查室裡慶祝康復時，雷納德不會知道這個。事實上，我不只看到了我父親，而是像以旁觀者的角度，看到了過去的他和我。照片中的我兩歲，坐在小時候家裡書房沙發旁的邊桌上，這是張我成長過程的照片，半分不差，飛官的兒子，對著鏡頭敬禮。當我在飛機跑道上等待時，我看到父親臉上掛著微笑朝我走來，向舉著手敬禮的我微傾上身回禮。我的眼中浮現出從邁阿密返家那架航班上，兩人最後一次的旅行，還有那位向他致敬的善心飛行員。父親一臉堅決的回過頭，他雖然再也無法將手舉到頭上，但看的出來他想回禮。這時我又想起當父親還活著的時候，並不確知我的未來究竟會走向何方。獻給此生，獻給所有這些病人，獻給這個男孩，一個致敬禮。我能感覺到雷納德的手勢穿過我，穿越時空和記憶，回到我父親的身邊。我看到他們父子在診間裡大步走向我們，停在檢查檯旁邊望著、微笑著向我們敬禮，這對父子映照出的，正是我的父親與我。

尾聲：毫釐與軌跡

我們醫療中心的神經外科住院醫師，每週二晚上都會如期進行學術期刊研討會。會議中，討論的主題涵蓋了我們領域廣泛的議題：從細致檢視內部腦幹解剖，到對複雜的顱底腫瘤外科手術途徑的逐步討論；從《神經外科學報》（*Journal of Neurosurgery*）近來發表的突破性論文，到頸椎骨折患者戴固定架的實際操作培訓。既有高水準的科學研究，也有實際操作的學習。

當然還有食物。

每一次，毫無例外，都會有食物。對於他們所做的工作，這是我們能做到最小的事情。由於時間表的不可預測性，和漫長的工作時間，有個眾所周知的神經外科培訓準則是：**能吃的時候就吃，能睡的時候就睡，不要搞砸下視丘**（一般外科醫生會說「胰腺」）。因此，他們每逢週二晚上會聚在一起，一邊吃東西，一邊學習。

但事實是，大部分情況都只是為了**能有機會和其他人在一起**，和那些經歷了和我一樣的一天的人，一起盡他們最大的努力，去嘗試處理所有緊張情況。在神經外科培訓的各種實戰中，這並不容易。

然而，在這個星期二夜晚，我家後門的門廊坐著十位學員，他們坐在一圈白色的椅子上，而不是在拉下百葉窗、投影機嗡嗡作響的醫院會議室裡。我們每個人都穿著藍色的手術服，都因為一天的工作而感到疲憊。大家的膝頭上隨意放著擺滿食物的盤子，旁邊地板放著喝一半的精釀啤酒罐。仍在進行手術或應對緊急情況的住院醫生們並未出席，但這仍是一次出色的聚會。我提出了一個理論，認為講述最深刻影響我們的事情是一種救贖，在治療的過程中，無論對患者或醫生而言，這將會幫助我們所有人。我讓他們談論了一個教會他們某些事物的病例，或是一個常常出現在他們腦海中，甚至困擾著他們的病例。這是我們首次以小組形式專門進行這種被正式稱為「敘事醫學」的嘗試，我承認我擔心他們會找到聽起來合理的理由不來（對不起老闆，我得再次查看一下病人，或者明天有重要的病例需要準備），結果我們可能最多只會有三個人出席，猶豫地講述故事，很少討論（還會剩下很多烤肉串），但幸運的是，情況並非如此。在我發表了一些文章之後，有幾位住院醫生向我提到，他們也有一些自己的經歷想要與大家分享，不知道可不可以？

隨著夜色漸深，我們沉浸在共同的敘事中，有些人講述了他們特別為之自豪的救援或成功避免的災難。有些人因為住院醫生執行的一個或大或小、不起眼的行動，或是解決了一個複雜的問題，讓病患得以存活並重新過上他們的生活。也有人坦承了深重的失落，他們講述了一個人失去心愛之人的故事，以及初出茅廬時無法避免的自責感，感覺自己不夠努力工作，或是不夠聰明到能解決問題，大多時候實際上則是無能為力。醫學充滿了故事，充滿了戲劇性的故事。在醫院待得夠長，你就會發現這些故事根本不需要修飾。而在神經外科，這些故事往往更為戲劇化。它們往往是生與死的交界處的故事，是苦難與喜樂的故事，是深度靈性危機和剛得到回應的祈禱的故事。在這些生命感覺最寶貴和最有意義的時刻，人們不可能不被吸引。生活在這樣的空間，一切都顯得更為強烈，親人的擁抱感覺會比以前持續得稍微長一些。在大自然遠足時，每一次的呼吸都稍微深沉一些。如今，對於安全和健康的感激之情更容易浮現心頭。

新冠肺炎，使得大部分的醫學領域都更接近了這個境地。

寫這本書的過程中，大多時間我都試著避免談及新冠肺炎這一主題。這場大流行的故事屬於被病毒感染的人，或是那些被留在世上的家庭成員，或是那些後來挺身而出為他們收拾殘局的人。這也屬於那些有勇氣和奉獻精神，勇於站在前線照顧他們的人。未來幾年，當我們作為公共衛生災難和歷史事件，開始與這種病毒進行清算時，將會出現更多這樣的故事

雖然如此，在這場危機中，有次手術對我來說的確非常印象深刻。那是疫苗剛剛在全國的醫療工作者中推廣出去不久之後的事，也是第一次感覺我們總有一天會走出這一切的時刻，正常生活在那一刻重新拜訪我們。

二〇二一年二月有天晚上，一場大雪覆蓋了大部分的南方地區時，我們的值班團隊正急忙地為一名十歲男孩準備手術室，進行緊急開顱手術。這個男孩患有硬腦膜外血腫，這是種威脅生命的血塊，出現在頭骨和大腦膜之間。當天黃昏漸漸變暗時，他和朋友們正在他居住的社區裡一個冰滑的小山坡上滑雪。男孩最後一次嘗試滑雪時，他以極快的速度滑出去，滑得如此遠，以至於他滑到了冰冷的街道上，從停在對面的一輛車底下滑了出來。因為他抬頭試圖看清楚他正在前往的方向，硬生生地撞到了車門的下框。他及時轉過頭，所以是頭的左側承受了撞擊的力道，而不是他的臉。

在事發現場，他曾短暫失去意識，但很快就恢復過來。急救人員到達將他送到當地醫院時，他能夠輕鬆交談，並未顯示出任何不舒服的跡象，只是頭疼，那是他撞到車門框的地方。腦部斷層初步掃描結果令人放心，但仍然引起了關注，顯示出一個小裂縫和微小的硬腦膜外血腫。到他被轉移到我們這裡進行觀察的時候，他的狀態已經急轉直下，血塊明顯擴大，對大腦的壓力也顯而易見。他陷入了無意識狀態，如果不進行手術，他會死亡。

手術室的門砰地一聲被推開，那是和麻醉團隊以及我的住院醫師一起去接病人的巡房護士。

「嘿，各位，」她說。「我們有狀況了。」

我們都抬頭看過去：刷手護士、剛進來並正在拿起影像的住院醫師、護理麻醉師，以及我。

我心想：「現在是怎樣？」

「新冠肺炎快篩結果還沒出來。」

要記得，那是在我們已經搞清楚如何快速穩定地診斷這種病毒，且疫苗剛剛開始對老年人和醫護人員開放的時候。在那之前的每一天，每次我們進行緊急手術而不知道病人的新冠肺炎狀態時，我們都使用了足夠的個人防護裝備，並採取了必要的預防措施。然而，每次你因為創傷病例進入手術室時，始終存在一種感覺，就是你正在作出一個可能危及生命的決定。年初，《富比世》（*Forbes*）報導指出，近三十萬名醫療工作者感染了新冠肺炎，其中有九百到一千七百人死亡。這些醫療工作者大多數都是在急診和加護病房工作，但很難不覺得自己注定會成為下一個統計數字。

不過這次，是今年第一次，事情跟過去相比截然不同了。

「大家都打疫苗了嗎？」我問道。

「打了。」房間裡所有人都這樣回答。

「好的，大夥開始動作吧，我們有任務要做。」刷手護士插話說道。

很快，我們都進入了熟悉的手術節奏，在夜裡各自忙著自己的工作。當我們在清晨完成手術的時候，通常會各自找個地方，試圖在巡房之前偷得片刻的睡眠，或是為第二天的手術做準備。但這次，我們都等著，觀看著麻醉科醫生為這個男孩拔除呼吸管。當他按照指令，用每隻手舉起三根手指、並且扭動他的腳趾時，我們都在口罩下面露出了微笑。就在那一刻，所有人都圍繞在這個男孩的床邊，互相握手，這個世界再次變得美好。

———

不過這個世界沒那麼容易回到正確的方向。

當然，新冠肺炎，以及新冠肺炎疫苗和甚至是基本的公共衛生措施，都會對我們的社會造成深刻的撕裂。這種撕裂存在於科學與非科學之間，理智與非理智之間，城市與小鎮之間。並且，這種撕裂以一種深刻的個人方式，存在於我過去和現在的生活之間。就像為了期刊研討會聚集的神經外科住院醫生們分享他們的經歷，以免獨自承擔重負一樣，我也是如此。當我完成這本書，並衡量我所學到的一切時，這個故事在我的心中留下了最深重的印象。

寫這篇文章的幾週前，我在新聞上看到一場在納許維爾附近的地方學校董事會會議演變成了一片混亂。衛生保健工作者遭到大聲呵斥，而且有人跟到他們停車的地方。一位多年來救助了數百名兒童生命的兒童加護病房執業醫生，本來是為了支持學校的口罩要求而出席，結果她的車被緊握拳頭的鼓噪者圍住，受到了威脅。

我們知道你住在哪！我們會去找你的！

在南方，似乎特別容易察覺到這種疫情和政治激情交織的態度，這裡是我出生、長大並仍然居住的土地。截至目前，我的家鄉密西西比州在對抗這種致命病毒的疫苗接種率上幾乎敬陪末座。當我環顧我目前居住的田納西州當前景象，我認出了那些抱持異議的人。他們跟我在阿拉巴馬州執業第一個十年時照顧和認識的人、我在北卡羅萊納州接受培訓的地方，或者在我小小的家鄉密西西比州哥倫比亞市的人，看起來非常相像。從人口學的角度來看，他們和我很像：白人、南方人和基督徒。許多人就像我童年時一起在後院玩耍的朋友，和我一起上小學和參加中學舞會的人。他們非常像那些每當珍珠河泛濫時，與我家人一起堆沙袋以保護我們歷史悠久市中心的人；像在我祖母生病時送來食物的人；像參加了我父母的兩場葬禮的人；在失落和勝利中愛著我們全家的人。而我們過去如此，現在依然，也會回報他們的愛。

我在這裡出生，並在距離密西西比與路易斯安那南北邊界四十公里的地方長大。在我們那間位於主街上、面積寬敞、氣氛溫馨且總是光線充足的白色方柱房子裡，多年來總是住著我母親、父親、兩位年長的姐姐，和我家庭成員的某種組合。至於寫這篇文章時，最大的姐姐夏娃與她的幾隻動物住在那裡，這標誌著威倫斯家族的同一成員已在其中居住了五十多年。過去朋友來訪時，最近一次則是喪禮時，他們都喜歡親切地稱它為家族博物館。一位朋友問：「有導覽嗎？」另一位則是開玩笑說：「紀念品商店呢？」

很快的，我將清理這棟房子，準備出售，對我來說這種感覺就像是面對第三位父母離世。我的家族歷史和所有回憶都存在此處。如果，你恰巧想看看我二姐莎拉在大二那年演學校話劇時穿的手工多彩蝴蝶裝，它被我母親保存了下來，用塑膠套包好掛在整齊的閣樓上，線頭繞在掛衣架上。對我在中學熱衷參加的科展中贏得的任何獎項感到好奇？那些獎牌一直都掛在我長大那間房的牆上。我要補充的是，我父親最後一次去醫院前的最後幾周都待在這個房間；二十年後，我母親在同個房間去世，家人都在她身邊。是的，我童年生活的房間，就是我雙親臨終的同一間房。所以，當我必須放手這棟房子的時候，如果我需要把心理治療的次數增加到三倍，請原諒我，這並不容易。

我上國中時，兩個姐姐都已經離家，所以我先是三姐弟中的老么，然後是兩姐弟中那個小的，最後成了獨生子。我們是個以我們所知最好的方式相愛的家庭，相對於該地區其他那些有數百名成員的教堂，我們去的是當地一間僅有十六名成員的聖公會教堂。（教堂裡只有我和另一個小孩，都和大人一起上主日學。到了六年級，他和我都知道了「末世論」的含義。）只要有可能，我們一家會一起度假，晚上圍坐在餐廳的餐桌旁吃飯，我們當時都只是懵懵懂懂的，在許多不完美和問題下生活著。早期，我們在車庫裡為姐姐們製作歡迎她們回家的花車，偶爾某個姐姐的男朋友會騎摩托車現身，並經歷了足夠的悲劇，讓我們意識到生活是脆弱的，要堅韌不拔。

這就是我的過去和現在，但我現在也成了另一個人。因此，我站在兩個世界之間——我的密西西比小鎮，和納許維爾的范德比大學，這個世界一流的醫學中心。身處科學世界之中，我的人生不得不持續在科學上、文化上和宗教上進化。而這絕不僅僅是我的故事，是如今世界上，無論是否從事醫學工作的我們之中，許多人的故事。我們由家庭和出生地形塑，由生活經歷塑造，剔除迷信，擁抱著證據和信仰，到了此刻，已能夠在我們的社會中做出改變。

病毒肆虐之際，本應對盛行的錯誤資訊和偽科學表達的不信任，卻直接對準了醫生、護士和進行救命醫學研究的人。而且，大部分的憤怒來自於我最熟悉的世界。在《再也無法歸鄉》（*You Can't Go Home Again*）一書中，偉大的美國作家、北卡羅萊納州的男孩湯瑪斯・沃爾夫（Thomas Wolfe），講述了一位作家的故事，他在其暢銷作品中描繪了他居住的城鎮，使他的鄰居憤怒，因此有了那個書名。但沃爾夫也表示，人不能逃進過去：「你不能……回到那些曾經似乎永恆，名為時間和記憶的避難所，但一直在變化的舊形式和系統之中。」

如果有什麼能挑戰逃進時間和記憶中的行為，那就是科學。科學遵循著自身規律，不會考慮選舉的變化、新聞週期、文化傾向或歷史重擔。為了以嚴格的方式查看結果和併發症，進行真正有效的研究，必須隨著時間行進，以確定某個特定干預，會出現最佳證據，或是反駁該證據。我們已經習慣從當下的所見所聞中獲得答案，故事的定位由點擊次數，而非它對社會的真實性或實際價值來決定。當然，即時結果和走捷徑並非進行合理研究的方式，至少不是進行不會導致錯誤甚至有害建議的那種研究。

最早將兒童疫苗接種與自閉症連結在一起的研究，目前已證實是錯誤的，值得一探。一九九八年，享有盛名的醫學期刊《刺胳針》（*The Lancet*）發表了一項小型研究，該研究在十二名患者之中的其中八名，意外發現了兒童疫苗接種和自閉症之間的關聯。這項研究從未證明有因果關係，只是一種觀察，但這項小型研究的結果幾乎摧毀了一項兒童疫苗接種計劃，該計劃實質上已消除了痲疹、腮腺炎、德國痲疹以及其他曾大大影響社會的兒童疾病。平常會主動為兒童接種疫苗的小兒科醫師，現在遭到了強烈反擊。很諷刺的是，與今日情況相比，這通常來自政治傾向更為自由的父母。是的，那時候會對疫苗猶豫的人，主要是政治傾向中間偏左的年輕父母，他們成了當時媒體的受害者，這些父母都在尋找孩子為何患有自閉症的原因，而且這個神話隨著時間的推移一次又一次地被重複。十二年後，發現當初發表此論文的作者偽造了數據，整篇論文完全是虛構的，都是謊言，《刺胳針》也發表了完整的撤稿聲明，但傷害已經造成，至今我們仍在面對這些傷害。

或許我就像沃爾夫筆下的主人公，再也不能回家了，但實際上，我從未離開。由於有恩典、許多的好運、很棒的父母和朋友，我有幸能夠在這本書中記錄的南方進行與病患的旅程，雖然只是從我出生和長大的地方開車一小段距離，但卻是個截然不同的世界。有一天，新冠肺炎疫情將只會成為一段記憶，但我們將要面對它殘留在我們文化之中的影響，尤其是我們常常對那些我們認為道不相同的人所做的破壞性批評。就算是為了我們自己好，也必須讓這種文化鴻溝成為一段記憶。要忘記怒火，要記住，無論你稱哪個方向為家，我們都更為相似而非不同。我們的起源往往非常相似，只是被毫釐和軌跡所區分，生活將我們帶到了彼此的遠方。我們必須記得，寬恕是人際關係的一個重要部分，我們都有能力展現書中提到的孩子及其父母所表現出來的優雅和韌性。這就是我決定寫這本書的主要原因之一——因為伸出一隻開放的手與彼此接觸，分享我們生命中的故事、喜悅與痛苦，是記住我們都是人類，沒有人生來就是次等的、疏遠的或是異常的最好方法；我們都面對著存在著的，那基本而不需懷疑的事實。彼此對話，並講述我們的故事、跨越分歧進行溝通，可能就是我們的救贖。我相信，這些家庭以及其他類似他們的人或故事，將在我們互相幫助走向康復的過程中，變得至關重要。

——

那天晚上我家的期刊俱樂部結束時，紙盤已被丟入堆肥箱，食物也被打包帶到醫院值班的住院醫生那裡。出席的所有住院醫生都已發言，只剩一人未講。我帶頭進行了一些討論，但大多時間我都坐在後面聽他們交談和思考。一位住院醫生提到了她從急診部收治並建立聯繫的一位年長婦女，她形容這位婦女為「鄉村式堅強」。她被診斷出患有惡性腦瘤並接受了切除手術，但最終她過早死亡，讓這位住院醫生感到相當的悲痛。「她是如何從鄉村式堅強變成幾乎無法存活的呢？我們還能做些什麼？」她問。「為什麼我們距離治癒還如此遙遠？」

最後一位住院醫生害羞地承認他沒有寫下任何東西，但問說能否告訴我們他的故事？他接著告訴我們一位二十五歲左右的年輕人，幾乎是奄奄一息地來到了急診部。他的基底動脈，即主要供應腦幹血液的動脈，已經形成了血栓。正發生在這位住院醫生眼前的中風，看起來將會造成毀滅性的影響。人們通常無法從這種狀態中恢復過來，他們往往會處於鎖定狀態，也就是能察覺到周圍的環境，但無法移動或交流。這位住院醫生，當時開始對內窺血管技術產生興趣，就如同〈破裂〉那個章節中提到的那樣，能夠迅速將病人送至血管造影室，他和主治醫生立刻打通了血管。「這簡直是奇蹟。」他說。

然後，那位住院醫生的聲音略微顫抖了一下。「術後，他醒了過來，」他說，停頓了一會。「完全康復了。」他的目光稍微越過我們，彷彿能看到在我們背後上演的另一種現實。他重新回過神來，重新集中注意力。「我現在知道這正是我想要做的。」他說。然後他坐回了座位，我們的會議也就此結束。

對我來說，顯然這些年輕的醫生們需要互相分享他們的故事。他們需要理解他們每天所做的事情的重要性，需要釐清他們每晚帶回家的所有感受，這裡沒有簡單的答案。但是，這些住院醫生用如此多的同理心和極大的尊重談論著他們的病人。當他們將病人推回手術室，或是看著他們手術後在加護病房醒來時，他們記住了病人面對未知時的勇氣。這些集體記憶，在我們所有人努力應對任何一個人都無法獨自承受的巨大困境時，似乎給了我們無法衡量的幫助。

在神經外科，我們與病人同行，在此過程中從他們身上學到了深刻的教訓。但是，意識到我們是如此的脆弱，我們的生活可能在一瞬間完全改變，對我們所有人來說，都是一個不變的事實，無論我們的人生道路為何。了解我們和我們所愛的人不是免疫於痛苦和苦難，這只是我們在這個世上的契約其中一個特徵。對這類恐懼的救贖，來自於我們所擁有的那種令人敬畏的韌性、優雅和治療的能力，要找到關於這點的證據，不必看得太遠，只需看看這本書描述的那些孩子們。

我很榮幸能成為這些故事的一部分，也感激背後那些珍貴的生命，感謝那些在神經外科內外的住院醫師與同事們，他們讓我保持著腳踏實地，並給予我無價的視角。我很幸運有機會將這些不凡的孩子和他們父母人生的一部分傳遞下去，並訴說了一些關於在這段人生之中，我們都既是治療者，也是被治療者的故事。

獻給梅麗莎、傑克與飛兒；以及母親與父親。

致謝

有太多的人需要我感謝，以至於我很容易把這部分寫成整本書中最長的一節。在這地球上度過的五十二年，其中一半時間我處於醫學、神經外科和兒科神經外科的世界，有許多人在途中給予我幫助和影響，我深懷感激。如果我不小心遺漏了你的名字，請原諒我。

首先，重要的是，要感謝那些讓我成為他們人生旅程一部分的孩子和父母。你們對這件事的支持一直是我從一開始就極其關心的事，謝謝你們。我真心希望這本書能幫助你們所有人理解，照顧你們和你們的孩子對我來說是多麼的榮幸，而且在你們的康復過程中，我也在很多方面得到了治療。你們如此友善地向我表達的感激之情，我同樣衷心感謝。

感謝我最美好的伴侶梅麗莎，她在過去的二十五年中一直是我生活的一部分，自中學時期起就時斷時續地陪伴著我。你是我在人世間最珍貴的寶藏，我深深地愛著你。感謝我的孩子，傑克和飛兒，他們忍受了我的清晨和周末寫作，以及（偶爾）因為一下子做太多事而變得暴躁，我非常愛你們。我真的非常感激你們兩個在我的人生之中。現在，請打掃你們的房間並餵狗。

在二〇一七年我康復手術期間，在秋季大部分時間被迫臥床休息時，是我的姐姐莎拉鼓勵我「開始記錄一些工作中的故事」，且第一個相信我有一天可以成為一名作家。莎拉，你在我的生命中是多麼強大的正能量，謝謝你。我感激Trish Hall早期給予的重要建議和編輯能力，也感謝《紐約時報》的出色編輯Peter Catapano，他願意給一位未曾有作品出版過的小兒神經外科醫生一個機會，這位醫生在飛往佛蒙特州的飛機上還遇到了鼻子大量出血。

那篇和接下來的《紐約時報》文章發刊後，我的經紀人David Granger出現了，他來自Aevitas Creative Management，成為我生命中的力量加成，他迷人的生命旅程有一天也應該被記錄下來。他最初對我的要求是「讓它流動」並以意識流風格寫出五千字，描述我走向小兒神經外科的過程。隨著時間推移，這些文字演變成一本正式書籍提案的引言，最終成為本書的序言。最初的版本，缺少標點、大寫，拼寫也不正確，更像是一場由於缺乏咖啡因和睡眠而產生的幻覺之旅，遠未達到我對詹姆斯．喬伊斯式的渴望，並安全地藏在一個只有我知道其所在位置的硬碟中。

在那個時候，馬克．華倫（Mark Warren）和Penguin Random House正式加入。非常感謝Nancy Jo Iacoi在這段過程初期，擔任將莎拉和馬克連結的角色。我不知道怎麼樣才能表達馬克成為我編輯的感謝之情。直到二〇一九年，我的最後一篇非科學性的出版作品是……從未有過，和他一起工作就像是在上一堂寫作和編輯的大師班。在建構這本書的過程中，馬克一直是位深具耐心與天賦的老師。我非常感激他能從我這裡得到的不僅僅是敘事，還有適配這些孩子和家庭的話語。過程中，我不僅成為了一位更好的作家，各項能力也加強了，讓我能回顧這些經歷，並從中領悟它們對我人生的意義。謝謝你，馬克。我要感謝Penguin Random House的整個團隊，其中包括出版商Andy Ward、副出版商Tom Perry、助理編輯Chayenne Skeete、Rachel Ake美麗的封面設計、行銷團隊Ayelet Durantt、Barbara Fillon和Emani Glee以及宣傳總監London King，他們的出色想法和對這本書的絕對奉獻，以及我們的製作編輯Mark Birkey，他對每個句子都投入了巨大的關懷。

我有幾位朋友要特別感謝，他們與這本書有關：

感謝Abhay Kulkarni讀過整個手稿，在我將它寄送給ＰＲＨ之前，幫助我讓文字與內容更加緊密；感謝Jon Meacham對出版界的影響力和見解；感謝Brad和Kimberly Williams Paisley提醒我，創意在我們生活中的重要性；感謝Reed Omary在早晨陪我漫步；感謝Cal Turner, Jr.，與我共度的午餐時光和告訴我家族過去的故事；感謝Jamie Kyne的建言；感謝Jerry Martin的熱情與推薦律師給我，還有John Voigt和Kim Schefler提供的法律服務；感謝Catherine Seltzer和Amanda Little在最後關頭提供重要的寫作建議；感謝Allen Sills極其有效的反對意見；感謝Ash Shah當我們一起在杜克大學實習初期，就迅速接受了這個來自密西西比的新人；以及感謝Reid Thompson，這位身兼朋友、主席和才華橫溢的外科醫生多年來對我的堅定支持。

除了在序言中提到的人之外，還有三位教授在一九八〇年代末於密西西比大學的英語系中扮演了關鍵角色，當時他們支持著我這位文學院學生，並持續影響著我的醫學生涯：現在是羅格斯大學的教授Chris Fitter；密西西比大學名譽教授Colby Kullman；以及同樣是密西西比大學的名譽教授兼前主席Gregory Schirmer。他們分別讓我接觸到了莎士比亞、史威夫特、喬伊斯和葉慈。對於這些終身的禮物，我將永遠心懷感激。Fitter博士，您是對的。即使在手術室裡，總會有一句適用的莎士比亞名言，或許在手術室中更是如此。

對於我過去二十年來一直合作的住院醫師和研究員，無論是現在的還是過去的，我都深懷感謝。有了你們的陪伴，我的職業生涯變得更加有意義，我無法想像如果沒有你們，這一生在神經外科會是怎樣。

感謝密西西比大學醫學中心的外科醫生、教授和其他醫療人員對我的培訓（特別是UMMC的主席Andy Parent和杜克大學的Allan Friedman），以及一路上與我一同學習和工作的同學和住院醫生。

我要向傑瑞．奧克斯表示感謝，他是我早期的導師、UAB的資深合夥人，也是我的朋友，如果沒有你的潛移默化，我的整個職業生涯不會是這樣，謝謝你。Shane Tubbs，他是會走路的《格雷氏解剖學》（*Gray's Anatomy*）和《Netters人體解剖學圖譜》（*Netter's Atlas*）的結合，我對兩人過去的合作默契和長期友誼深感謝意。也感謝我在UAB的其他合作夥伴（Paul Grabb和Jeff Blount，後來是Leslie Akapo-Satchivi、Curtis Rozzelle和Jim Johnston），他們忍受了我早年作為一位奮發向上的外科醫生的日子，而且多年來一直是我的朋友，儘管我確定，他們偶爾會有其他想法。

向我的現任范德比小兒神經外科合夥人（Rob Naftel、Chris Bonfield和Michael Dewan）表示感謝，從一開始他們就支持我做這件事。而且，感謝你們的友誼和明智的建議，以及分享我們共同為我們的部門所建立的願景。你們都是極具才華的外科醫生，也是品格深厚的好人，我很感激你們對我造成的影響。

向UAB（特別是Amy Finch和Nadine Bradley）和范德比（Pam Lane和業務主管Coleman Harris）兩所大學的神經外科部門的其他教職員工和支持人員表示感謝，多年來，很感激你們的幫助與友善的合作。Debi Andrews，我的行政副手（我找不到其他更好的頭銜，來更準確地解釋她這個角色的重要性），在我參與的幾乎所有事務中都扮演著至關重要的角色。你是最高意義上的推動者，我要向你表達深深的感謝。

多年來，我很幸運能有許多上司對我產生影響並給予我支持。除了已經列出的人之外，我特別感激Jim Markert、Luke Gregory（已故）、Meg Rush、John Brock、Jeff Upperman，以及VUMC外科科學部門的主席Seth Karp。（毫無例外，Seth總是在我們的會議結束時問我：寫作進行得怎麼樣了？）特別感謝VUMC的校長Jeff Balser，他從一開始就一直支持我的寫作。

對於一路上的所有刷手護理師、巡迴護理師、麻醉醫師、診療團隊、加護病房團隊和巡房護理師，請知道，沒有你們，這一切都不可能實現。特別感謝Debbie Carciopolo、Martin Kircus、Maria Sullivan、Diana Penn、Kayla Gross、Melissa Gordon、Jon Kraft、Jason Linsley、Tasha Lewis和Laura Newsom，感謝你們的辛勤工作和奉獻。特別要感謝Nick Metoyer，他在手術室中總是遞給我我真正需要的東西，而不僅僅是我要求的東西。

關於我們出色的護理師合作夥伴Haley Vance，她始終如一的友誼和辛勤工作值得一提。她與這些孩子和我一起走過了很多段旅程。她對家庭的奉獻精神和處理我們實踐中的情緒波動的能力，在其浩瀚中呈現出專業特質。多年的朋友，臨床成果研究者Chevis Shannon，對我看待更大規模的流行病學問題上有著巨大的影響，也促使我進行正規學習，並在中年獲得流行病學學位。我對你們二位所做的一起深表感激。

在小兒神經外科領域，有很多不在我自己的執業項目內的朋友和同事在其中影響了我，這個部分中尚未提及的首要人物是John Kestle、Jay Riva-Cambrin、Dave Limbrick和Bill Whitehead，他們都是水腦症臨床研究網路（Hydrocephalus Clinical Research Network）的同事，我認為我們最重要的研究，和對我們領域的影響都來自這個臨床研究小組。對於我在美國小兒神經外科學會的眾多同事，我真心感激。請知道，這整個努力的很大一部分都是為了表彰你們所有人為兒童所做的一切。感謝John Jane和Jim Rutka，他們是《神經外科學雜誌》（*Journal of Neurosurgery*）前後任的主編，教導我很多關於醫學寫作和編輯的知識（特別是Jim，感謝他對我的早期那些非傳統科學社論抱持的熱情和包容）。感謝Benny Iskandar、Matt Smyth和Mark Krieger，你們除了在神經外科，對我的生活帶來的影響更多，多於你們所知，感謝你們。Jon Martin、Susan Durham和Ed Smith，有一天我們會一起參加那場聽起來很悲慘的比賽，我保證。

向Elizabeth和Clark Akers以及Carter和Glynn Brazzell快速道一聲感謝，感謝他們在我完成書寫和編輯的最後階段，讓我使用他們各自位於樹林之中（並遠離網路）的小木屋。也感謝我的表兄弟Charlie、Will和Lee Haraway，他們的音樂，包括作為「The Sundogs」樂團，在這個過程中給了我很多喜悅和靈感。我堅信每個人一生中至少都應該聽一次他們的《復活之歌》（*Song of Resurrection*）。我很感激我的表兄弟布萊德·威倫斯（Brad Wellons），他一直是我的終生朋友和家族故事的守護者，他與他的父親肯納德（Kennard）一直都走自己的路，肯納德是我父親的兄弟。我還要感謝我的小姑子Julia Myrick和她的丈夫Dan，還有Allen Murphy、Andrew Foxworth、Ollie Rencher、William Henderson和Joanna Storey，這些朋友都支持我創造性的那面。很幸運在納許維爾有這麼多支持我們的朋友，包括Keith Meacham、Gray Sasser、Kathryn Sasser、Vandana和Rick Abramson、Amanda和Ben Henley以及Cyndee Martin。還有，半帶幽默地感謝我們家可愛的貴賓犬Watney，在我寫這本書的最後幾個月一直睡在我的腳旁，當我需要休息時帶我散步（或划船），他一直是我在這件事和許多其他事情上的伴侶和知己。

在結尾之際，我想感謝我的姐姐夏娃，她住在我們的家鄉，密西西比州的哥倫比亞市，一直在那裡為我們點亮窗口的燭光。夏娃的人生有著她自己的敘事弧度，她肯定有一天會有她自己的故事要分享。

致我珍愛的母親，琳（Lyn），她在二〇一六年去世——在我父親過世後的二十年。我現在才開始理解你人生的複雜性和對我造成的深遠影響，特別是在愛和所有精神層面的事物上。我無法用言語來表達你對我的生命所產生那種種影響的感激。我希望能在不久的將來找到。

最後，向我的父親，約翰．威倫斯致敬。我走在你多年前為我指定的道路上，如今我非常思念你，但我現在知道你一直以某種方式與我同在。這本書有很大一部分是關於如何透過多年來的病人幫助我去理解早年你對我的生命有多麼深刻的影響，只是先失去了你，然後再在我迄今為止的生活中重新找到你。我希望每個人都能經歷這一發現的循環——從喜悅到悲痛，再到喜悅。

Self-Heal 009

所有曾撼動我們的一切

一名小兒神經外科醫師、他的小小病患們，與其充滿恩典及韌性的生命故事

All That Moves Us: A Pediatric Neurosurgeon, His Young Patients, and Their Stories of Grace and Resilience

作者　傑・威倫斯（Jay Wellons）
譯者　范瑋倫

堡壘文化有限公司
總編輯　簡欣彥
副總編輯　簡伯儒
責任編輯　簡欣彥
行銷企劃　游佳霓
封面設計　周家瑤
內頁構成　李秀菊

出版　堡壘文化有限公司
發行　遠足文化事業股份有限公司（讀書共和國出版集團）
地址　231新北市新店區民權路108-3號8樓
電話　02-22181417
傳真　02-22188057
Email　service@bookrep.com.tw
郵撥帳號　19504465 遠足文化事業股份有限公司
客服專線　0800-221-029
網址　http://www.bookrep.com.tw
法律顧問　華洋法律事務所　蘇文生律師
印製　呈靖彩藝有限公司
初版1刷　2023年11月
定價　新臺幣450元
ISBN　978-626-7375-25-9
978-626-7375-29-7 (EPUB)
978-626-7375-30-3 (PDF)

著作權所有・侵害必究 All rights reserved
特別聲明：有關本書中的言論內容，不代表本公司／出版集團之立場與意見，文責由作者自行承擔

All rights reserved including the right of reproduction in whole or in part in any form.
This edition published by arrangement with Random House, an imprint and division of Penguin Random House LLC
Complex Chinese edition© 2023 Infortress Publishing Ltd.

國家圖書館出版品預行編目（CIP）資料

所有曾撼動我們的一切：一名小兒神經外科醫師、他的小小病患們，與其充滿恩典及韌性的生命故事／傑・威倫斯（Jay Wellons）著；范瑋倫譯. -- 初版. -- 新北市：堡壘文化有限公司出版：遠足文化事業股份有限公司發行, 2023.11
面；　公分. -- (Self heal ; 9)
譯自：All that moves us : a pediatric neurosurgeon, his young patients, and their stories of grace and resilience
ISBN 978-626-7375-25-9（平裝）
1.CST: 威倫斯(Wellons, Jay)　2.CST: 傳記　3.CST: 小兒外科　4.CST: 醫病關係
785.28　112017417